朝日新書
Asahi Shinsho 922

プア・ジャパン

気がつけば「貧困大国」

野口悠紀雄

朝日新聞出版

はじめに　補助金や円安でなく、人材の育成を

ついにここまで衰退した日本

日本の貧しさが、さまざまなところで目につくようになった。アベノミクスと大規模金融緩和が行なわれたこの10年間の日本の凋落ぶりは、目を覆わんばかりだ。

1人当たりＧＤＰでみると、２０１２年には日本はアメリカとほぼ同水準だった。しかし、現在では約3分の1になってしまった。２０００年には1人当たりＧＤＰがＧ７諸国中で最上位だったのに、いまは最下位を争っている。そして、台湾や韓国にも抜かれそうだ。今後をみても、この状態が簡単に変わるとは思えない（第1章、第3章）。この状況が続けば、日本は世界から取り残されてしまう。

しかし、昔はそうではなかった。１９５０年代から70年代にかけて、日本は世界でも稀に見る高度成長を実現した。これは先進国へのキャッチアップ過程だったので、日本型の

社会構造が、経済成長にうまくマッチしたのだ。そして、1980年代、日本は世界のトップに立った。

ところが、この頃から、世界経済の構造が大きく変わり始めた。本当は、それに対応して、日本の産業構造と社会構造を変えることが必要だった。

だが、日本はそれを怠り、古い構造を固定化してしまった。日本衰退の基本的な原因は、日本の経済・社会の構造が世界の大きな変化に対応できなかったことだ。高度成長という成功体験のために経済・社会構造が固定化し、それを変えることができなかったのだ（第2章）。

この意味で、日本の衰退は、いま突然始まったことではない。20年、30年の期間にわたって進行してきたものだ。

円安と補助金が、古い社会構造を固定化する

この状況を変えるために何が必要か？

岸田文雄政権は、様々な補助政策を行なうことによって、この状況に対応しようとしている。しかし、補助は、政治的な人気取りにはなっても、社会の基本構造を変えることは

できない。

補助は、社会を変革する先導分野に対してなされるのではなく、かつて経済の中心だったが衰退していく分野に与えられるのが通例だ。

高度成長期における農業がその典型だ。農業に対する補助政策は、大規模化を促進して生産性を向上させたのではなく、兼業農家を温存して生産性を低下させた。

2000年頃以降、補助政策が農業以外の分野にも広がった。製造業を中心とする高度成長期の経済を支えた産業が衰退し始めて、政府の保護を求めるようになったのだ。

企業に対する最も大きな補助は、円安という形で与えられた。これが2000年頃からの日本の経済政策の基本になり、アベノミクスと大規模金融緩和に継承された。

しかし、それによって日本経済が活性化することはなかった。まったく逆に、企業が革新の意欲を失い、日本経済はさらに衰退した（第2章）。

2022年には急激な円安が進んだため、惨状が誰の目にも明らかになった。様々な国際比較で日本の地位が低下した。また、物価が上がったのに賃金はそれに見合って上がらず、実質賃金が低下した。この状況が、今後好転するとは思えない（第3章）。

いま、補助政策が、日本社会の様々な分野に広がっている。補助によって、改革と創造の力が削がれ、甘えと依存の構造が広がる。それは、古い社会制度をますます強固なものにしてしまうだろう。

一方、人口の高齢化は今後もさらに進展するので、公的年金の財政状況は深刻度を増す。現在の制度のままでは、厚生年金の積立金が２０４０年頃に底をつき、財政破綻する可能性が高い。これに対して、本来は支給開始年齢引き上げ等の制度大改革が必要だ。しかし、政治家はこうした不人気な政策には手を付けようとしない。また、防衛費や子育て政策の財源手当は、実際には国債増発であるものを誤魔化すだけのものになっている。日本の政治家は、未来に対する責任を放棄している（第4章）。

古いエンジンのままでは、日本は復活できない

日本の社会構造と産業構造は、１９８０年代頃から変化していない。それまでの時代において有効だった仕組みが、いま成長の足かせになっている。

日本の遅れは、デジタル化の分野でとくに顕著だ（第5章）。

賃金を引き上げ、豊かさを取り戻すためには、エンジンが機能しなければならない。それなくして経済が成長することはありえない。

アメリカ経済は、新しい強力なエンジンによって駆動されている。それは、AI、ビッグデータ、データサイエンス、プロファイリング、生成系AIなどの言葉で表わされるものだ。それは、80年代頃までのエンジンとはまったく違う。

ところが日本のエンジンは、40年前、50年前のままだ。時代遅れで、すっかりサビついてしまっている（第5章）。

取り替えなければならないという声はある。いや、誰もがそう言っている。

しかし、取り替えるためには、新しいエンジンを作り、動かすための人材が必要だ。ところが、日本にはそうした人々がいないのである。

だから、エンジンは、1980年頃のままだ。こうした状態で賃金を上げようとか、日本経済を復活させようとかいっても、もともと無理な相談だ。

いま必要なのは、補助ではなく、産業構造と社会構造を改革することだ。

そして、それを支える人材を育成することだ。人材こそが革新を生み、社会を変える。

ところがこれについても、岸田政権は、補助によって対応しようとしている。デジタル田園都市構想、大学ファンド、半導体工場誘致の補助策、等々がそれだ。

しかし、補助策は、ここでも社会の構造を変えることはできない。むしろ、補助に依存する体質を広める。重要なのは、高度の専門的技術を身につけた人材が相応に報われる社会構造を作り上げていくことだ（第6章、第7章）。

それは決して簡単な課題ではない。また政府だけでできることではない。日本企業の基本的な構造が変わる必要がある。そうしたことによってしか、日本がかつての豊かさを取り戻すことはできないだろう。

＊

本書は、「ダイヤモンド・オンライン」「東洋経済オンライン」「現代ビジネス」「金融財政ビジネス」に公表したものを基としている。これらの掲載にあたってお世話になった方々に御礼申し上げたい。

本書の刊行にあたっては、株式会社 朝日新聞出版書籍編集部の大﨑俊明氏にお世話になった。御礼申し上げたい。

２０２３年６月　　　　野口悠紀雄

プア・ジャパン　気がつけば「貧困大国」

目次

第1章　気がつけば、「プア・ジャパン」　23

第2章 昔はこうでなかった 47

第3章 これから賃金は上がるのか？ 93

第4章　増大する財政需要と政治家の無責任　

第7章　日本再生のエンジンは、デジタル人材　259

図表作成／谷口正孝

第1章

気がつけば、「プア・ジャパン」

1　オーケストラもiPhoneも高くて手が出ない

外国オーケストラの公演には、もう行けない

外国オーケストラの来日コストが上昇している。※

大編成のオーケストラの場合、100人以上の人と楽器が移動する。円安が進み、航空運賃などが高騰しているため、経費が1億円以上増えているという。

このため、あるコンサートでは、入場料を、当初2万8000〜1万2000円と発表していたが、チケット発売日の直前に、3万2000〜1万5000円に値上げした。

「一流オケの来日ツアーが、今後、激減するのではないか」と言われる。日本人の文化環境は著しく低下するだろう。

これまでも、外国のオーケストラやバレエの日本公演のチケット代は高かった。ただ、「贅沢」とは思っても、チケットの価格よりは、座席を取れるかどうか、どの位置に取れるかの方が重要事項だった。しかし、一人3万円以上となれば、考え込んでしまう。

新型コロナの感染拡大で、外国オーケストラやバレエ、ミュージカルなどの公演からは、この数年、足が遠のいていた。コロナが終わればもとのように行けると思っていたのだが、そうしたことはもうできないのかもしれない。そう考えると、なんとも情けない気持ちになる。

私たちの世代の学生時代、外国のオーケストラやバレエを実際に聞いたり見たりすることなど、夢のまた夢だった。その後、日本が経済成長して豊かになり、外国のオーケストラやバレエを、日本で鑑賞できるようになった。また、現地まで出かけていってミュージカルを楽しむこともできるようになった。

しかし、それも、つかの間のことだった。我々は、いま、日本が貧しかった時代に舞い戻ってしまった。円の購買力が固定為替時代の水準に戻ってしまったから当然のことなのだが、それにしても、なんとにっくき円安だろう！

※「日本経済新聞」(2022年9月22日)、「朝日新聞」(2022年11月12日)

iPhoneはもはや高嶺の花

高くて手が出なくなったのは、劇場のチケットだけではない。

２０２２年９月、アップルはiPhone14シリーズを発表した。日本での価格は、最も安いタイプが11万９８００円、ProMaxは16万４８００円だ。

２０２１年９月にリリースされたiPhone13シリーズでは、最も安いタイプが９万９８００円だったため、20%の値上げとなる。これは、９月１日に円が急落したことの影響だ。

これに先立つ７月１日、アップルは、日本での販売価格を引き上げていた。iPhone13が11万７８００円から12万６８００円に、iPhone13Proが14万４８００円から16万６８００円に値上げされた。これも円安の影響だ。

一方、厚生労働省が発表した令和２年「賃金構造基本統計調査」によると、大学卒業者の賃金は、男女計で月22・６万円だ。

iPhone14を、なんとか買うことはできる。しかし、ProMaxを買ってしまえば、食費も残らない。iPhoneは、普通の日本人にとっては、もはや高嶺の花だ。

2　ビッグマックもラーメンも、外国では高い

アメリカのビッグマックの値段は、日本の2倍

外国製のものの価格が高くなっているとは、暫く前から言われていたことだ。

最もよく知られているのは、英誌『エコノミスト』が発表する「ビッグマック指数」だろう。これは、「ビッグマック価格がアメリカと等しくなる為替レート」に比べて、現実の為替レートがどれだけ安くなっているかを示すものだ（数字が低いほど、購買力が低い）。

しかし、これは分かりにくい概念だ。この指数よりも、「ある国のビッグマック価格を日本円に直すといくらか」を見るほうが、直感的に分かりやすい。

2022年7月時点での各国のビッグマックの価格を日本円に換算して見ると、図表1－1のようになる（1ドル＝143・3円で換算）。

日本では390円だが、1位のスイスは949円であり、「法外な値段だ」と感じる。アメリカは738・1円で、日本の1・9倍になる。イギリスやドイツも、日本よりだい

図表1-1　ビッグマックの価格（2022年7月）

国	現地価格	通貨	日本円換算
スイス	6.5	スイスフラン	949.1
アメリカ	5.15	ドル	738.1
イギリス	3.69	ポンド	512.7
ユーロ圏	4.65	ユーロ	647.1
韓国	4600	ウォン	463.3
中国	24	元	482.5
日本	390	円	390.0

The Big Mac indexのデータにより著者作成

ぶ高い。

中国が４８３円で、日本より2割程度高い。21年6月には日本より安かったのだが、ついに中国のほうが日本より高くなってしまった。韓国の４６３円も、日本より高い。

ニューヨークのラーメンは、一杯3000円！

最近では、外国でのラーメンの価格が高いと話題になっている。

２０２３年2月3日の朝日新聞によると、ニューヨークでは1番安くて一杯18ドル（約２３００円）。さらに、アメリカではラーメンでもチップが必要で、それを加算しなくてはならない。チップの習慣に慣れていない日本人には高さが余計身に染みる。チップや税金を含めると約３０００円になる。

こうした記事が、ウェブに数多く掲載されている。ロサンゼルスでは、一杯２０００円。

それでも、長い行列ができるという。

それに対して、日本では700円程度、原材料の高騰で30円から40円程度値上がりしたが、いくら高くてもアメリカの価格にはならない。

窓がないと、世界の状況が分からない

以上で述べたのは、これまでも静かに進行していた現象だ。長年にわたって、日本人は自国の内部に閉じこもり、世界の変化に目を向けなかった。その結果、世界との差がどんどん広がってしまった。気づいたときには、あまりに大きな変化が起きていたことが分かり、愕然とした。これが、私たちが今直面している問題の核心だ。

この状況は、下降するエレベータに乗っているようなものだ。自分のいる高さは本当は下がっているのだが、エレベータに同乗している人たちとの相対的な位置関係は変わらない。だから、下がっているのが分からない。

エレベータに乗っているとき自分がどこにいるのか分からないのは、外の世界との比較がないからだ。エレベータに乗っている人たちは、自分たちだけの世界に住んでいるように感じる。

エレベータには窓がないから、こうしたことになるのだ。自分の位置を正しく知るには、エレベータに「窓を作る」必要がある。日本はいま、外の世界が見える窓を開けることが必要だ。

3 「値段の安い日本」が問題なのでなく、「賃金が低い日本」が問題

日本の賃金が低いから安く作れる

ビッグマックやラーメンの価格が外国で高く、日本で安くなるのは、なぜだろうか？その基本的な原因は、日本の賃金が低いことにある。そう考えられる理由を以下に説明しよう。

日本の賃金が低いことは、次の2つの意味で、日本のビッグマックやラーメン価格を引き下げる要因となる。

第1は、供給コストの問題だ。

ビッグマックやラーメンは、労働集約的な製品だ。つまり、コストの中で、原材料費よりは賃金が大きな比重を占める。ところが、日本ではこれらを作って提供する人々の賃金が低いから、価格が安くなる。それに対して、アメリカでは、これらを作り販売する人々の賃金が日本より高いから、価格が高くなる。

ビッグマックやラーメンの原材料は貿易されているので、その価格は、世界でほぼ均一になる。しかし、賃金では、こうしたメカニズムが働きにくい。だから、価格が同じにはならない。つまり、世界的な一物一価が成立しないのだ。

ラーメンの価格差がビッグマックの価格差より大きいのは、労働コストの比率が高い（より労働集約的）からだろう。

iPhoneは先端技術の塊のようなものだ。半導体回路を設計するアメリカの技術者の賃金が非常に高いために、製品の価格が高くなる。

アップルの最高クラスのエンジニアの年収は、約100万ドルだ。日本円に換算すると、1億3000万円程度になる（アメリカの就職情報サイトLevels.fyiのデータによる。なお、これに関する詳細の議論は、第6章で行なう）。日本の電機メーカーの賃金に比べれば、10倍以上の開きがある。高度専門家の日米格差は、一般的な賃金格差よりも大きいのだ。

賃金が低いから高いものを買えない

賃金と価格との関係として、前項ではコスト面からの影響を考えた。それは、商品の生産や提供にかかる費用が、その商品の価格を左右するということだ。

しかし、賃金と価格との関係は、コスト面からのものだけではない。需要面からの影響も大きい。

賃金が高ければ、高価な商品でも購入できる。アメリカでは賃金が高い。だから、ビッグマックやラーメンが高価でも購入することができる。それだけでなく、ラーメン店に行列ができるという現象も発生する。

ところが、賃金が低いと、高価な商品を購入する能力は限定される。日本では、賃金水準が低い。だから、高い価格では商品が売れない。その結果、ビッグマックの価格もラーメンの価格も低く設定されることになる。このようにして、賃金の差が商品の価格の差を生むのだ。

日本でも「ラーメンの価格を高くしたらよいではないか」という意見があるかもしれない。そうすれば、ラーメン販売者の所得が高くなるという考えだ（日本銀行が、金融緩和で物価を引き上げようとしたのも、こうした考えに基づくのかもしれない）。

しかし、日本の安月給では高価なラーメンは買えない。だから、価格を上げれば、ラーメンは売れなくなる。

このように、需要面から見ても、日本の賃金の低さが、ラーメンの価格が日本で安いことの原因となっているのだ。賃金が価格に及ぼす影響は、単にコスト面からのものだけでなく、消費者の購買力からの影響も大きい。

4　貿易できるか？　自国生産できるか？

製品や労働力が国境を越えられれば価格が均一化する

前節の議論を複雑にするのは、貿易可能性と自国生産可能性の問題だ。まず、貿易可能性について考えよう。前節では、製品が貿易されないことを仮定した。仮に貿易が可能なら、日本と外国の価格差は縮小する。

もし、出来上がったビッグマックやラーメンを瞬時にアメリカに運べる技術が開発されたとすれば、日本の安いビッグマックやラーメンがアメリカに輸出されるだろう。そして、価格は、アメリカで下がり、日本で上がる。その結果、日本の賃金が上がる。しかし、実際にはこうした運搬は不可能なので、日米の価格差と賃金差が残るのだ。

貿易可能性は製品だけでなく、製品の製造と提供に関連する労働力についても起こりうる。仮にビッグマックやラーメンの製造と販売に関わる人々が簡単に外国に移住して働けるとしたら、日本からアメリカ（あるいは、その他の高賃金国）にこうした人々が移住する。

その結果、日本国内の労働力が減るから、国内で賃金が上がる（これはコストプッシュによる賃金上昇であり、望ましいものとは言えないが）。そして、アメリカでは賃金が下がる。

しかし、実際には、外国に移住するのは大変なことだ。言葉の問題があるし、就労ビザを得られるかどうかという問題もある。したがって、内外で賃金差があっても、なかなか平準化しない。

iPhoneは日本で作れないから、高くても買わざるをえない

もう一つの問題は、自国生産の可能性だ。

ビッグマックもラーメンも、アメリカと同じものを日本で作れる。日本の安い労働力を使って、価格が安い（しかし同じ品質の）製品を作れる。だから、わざわざアメリカまで（あるいは他の国まで）高いビッグマックを買いにいく必要はない。日本で安いビッグマックを買えばよいだけのことだ。

しかし、iPhoneでは事情が違う。残念ながら、日本ではiPhoneと同じ品質のスマートフォンを作ることができない。だから、アメリカで高い労働力を使って作ったiPhoneを買わざるをえない。日本の賃金が低いことは、iPhoneの価格を引き下げるのに、なにも

寄与しない（正確に言うと、アメリカの高い労働力を使っているのは、iPhoneの設計に関してである。製造は中国の工場で行なっている）。

日本では賃金が低いが、物価も安いから問題ないのか？

日本の賃金が低いことに対して、「賃金は低いが、物やサービスの価格も低いから、生活水準は維持されている」という考えがある。

確かに、そうした面もある。ビッグマックやラーメンがアメリカで高いからといって、心配する必要はない。日本では、安い賃金で、安いビッグマックやラーメンを作れるからだ。

しかし、iPhoneや外国のオーケストラは違う。これらは日本で生産できない。日本人がその恩恵にあずかろうとすれば、外国の高い賃金で提供されているものを利用するしかない。だから、これからは、こうしたものは、日本人にとっては高嶺の花になってしまうのだ。

もし日本が、必要とする全ての財やサービスを自国で作れるのであれば、「賃金は低いが物価も安い」という閉鎖経済を維持すればよいだろう。しかしそうはいかないのだ。

問題は、iPhoneやオーケストラに留まらない。クラウドサービスや通信のサービスなど、高度な技術を必要とするサービスが、日本では供給できず、外国に依存せざるを得なくなってきてしまった（この問題は、第2章の6、7で詳しく論じる）。今後は、ＡＩがそうなるだろう。これらのサービスを日本でも提供できるような人材を作ることが大変重要になってきたのだ。

さらに問題は、労働力だ。前々項で労働力の国際間移動は難しいと述べたが、それも変わり始めている。

まず、日本に来ても賃金は安いので、外国の労働者が日本に来なくなる。そして、日本の労働力が外国に流出する。

建設や介護などの業種で「日本離れ」が始まっていると言われる。日本での仕事をやめて帰国することを考えている労働者が増えているという。フィリピンでは、オーストラリアなどへの人材流出が加速しているそうだ。日本では、要介護人口は増えるが、介護してくれる人は外国にいってしまう。

日本の高度人材の海外流出も目立つようになった。若手の優秀な日本人技術者が、基礎知識を学んだ後に「ＧＡＦＡ」などの海外ＩＴ大手企業に転職していく動きが加速しているという。これでは、日本でいくらデジタル人材を養成しても、海外に流出してしまう。だから、デジタル化を進めようとしても、できない。これは、日本の長期的な成長力を著しく低下させるだろう。

高度人材に関しては、大変深刻な問題だ。こうした事態を、どうすれば食い止めることができるだろうか？　この問題は、第6、7章で詳しく論じることとする。

インフレが輸入されて、実質賃金が下がった

「日本では物価が安いから、賃金が低くても心配する必要はない」という考えは、前項で述べたのとは別の意味でも、成立しなくなってきた。

2021年の秋から2022年にかけて、アメリカで発生したインフレが、輸入価格の高騰を通じて、日本に輸入された。さらに、為替レートが急激に円安になった。こうして、日本の物価が高騰した。

すると、「安い賃金で作れるから大丈夫」と言っていた日本のビッグマック価格も、いつまでも安いままに留まってはいられない。なぜなら、ビッグマックを作るためには、牛肉や小麦粉など、輸入に頼らざるを得ない原料が必要だからだ。それらの価格は、高騰し

ている。だから、価格高騰が続けば、いくら日本の賃金が安いからといって、ビッグマックの価格を引き上げないのは難しくなる。

それにもかかわらず、賃金は物価上昇に追いつかない。このため、実質賃金が低下した。

2023年の春闘の賃上げ率は、名目値で見る限り高くなった。しかし、実質値では、これまでと同程度か、低めだ。しかも、いくら春闘で賃金が上がっても、それは日本経済全体の賃金にはつながらない。なぜなら、春闘の対象となる労働者は、全体からみればごく一部にすぎないからだ。この問題については、第3章の3で詳しく論じることとする。

輸入価格高騰の半分程度はウクライナ問題などの海外要因によるが、半分程度は円安による。ウクライナ問題がおさまっても、構造的な円安が続けば、日本は貧しさのスパイラルから脱却することはできない。

このままの事態が続けば、日本人には高くて手が届かないものが続出するだろう。「舶来品」という言葉は、長らく死語となっていたのだが、それがよみがえるかもしれない。

そして、20年後の日本は、信じられないほど貧しい国になるだろう。

5　外国人旅行客の急増は、「プア・ジャパン」の象徴

大きな変化は10年前に

日本は島国なので、以上のような統計の数字を示されても、これまではそれを実感できなかった。

2022年には、iPhoneのような国際的商品が大幅に値上がりしたので、日本が貧しくなっていることを痛感させられた。また、急激な円安によって、外国人労働者が日本離れを始めたことも報道された。

しかし、実は、日本が貧しい国になったことの結果は、しばらく前から、明白に生じていたのだ。その変化は誰でも知っていることだが、日本が貧しくなったためにそうなったことを、多くの人は理解できなかった。

それは何かと言うと、外国人旅行者の急増だ。

日本が貧しくなったので、外国人旅行客が急増した

外国人旅行客の急増は、日本の貧しさの結果だという考えは、多くの人の考えとは反するものだ。そこで、以下にやや詳しく説明しよう。

来日外国人旅行客数は、２０１３年から急増した。２００７年から12年までは年間８００万人台だったが、２０１３年に１０００万人を超え、２０１９年には３１８８万人となった（観光庁の資料による）。国別では、韓国、中国、台湾が大部分だ。

日本の観光地の価値が高まったために、外国人が高いお金を払ってでも日本に来るようになったのだったら、本当に嬉しいことだ。

しかし、実際に起きたのは、そうしたことではない。日本での旅行や買い物が安くなったために起きたのだ。

かつて、ユーロが導入される以前の時代、豊かなドイツの労働者は、バカンスになると、ドイツ人から見れば物価が安い国であるギリシャを訪れた。それと同じことが生じたのだ。日本は、アジアのギリシャになったのである。

だから、外国人観光客の急増は、本当は日本にとって、悲しいことなのだ。

銀座の表通りに外国人を満載した観光バスが我が物顔に駐車している（多分、違法駐車）のを見て、なんと残念な光景だろうと思った。

一部の観光客による無断撮影、敷地内への踏み込み、深夜の騒音、通勤ラッシュの悪化等々。京都などでの観光公害の報道を見て、悲しい気持ちになった。

しかし、多くの人は、外国人旅行客が日本に溢れることを喜ばしいことだと思って歓迎した。それによって、売上が増加するからだ。いまでも、そう考えている人が圧倒的に多いだろう。

1980年代と逆のことが起きている

1980年代から90年代にかけて、日本は経済的に豊かになった。その結果、多くの日本人が海外旅行をする経済力を手に入れた。欧米の豪勢なホテルに滞在し、高価な買い物を楽しむことができた。

日本の経済力が強まるにつれて、日本語を勉強して日本で仕事をしたいと考える外国人も増えた。日本で学び、経験を積むために日本の大学に留学してきたのだ。一橋大学の私のゼミにも、外国人の学生が何人も参加した。

また、日本経済を研究したいと考える学者も増えた。彼らは、日本の高い生活費を払っても、それが価値ある投資だと考えた。

要するに、日本人が海外に旅行して楽しみ、外国人が日本で働きたいと考えることが、当時の一般的な風潮だったのだ。これら全ては、当時の日本の繁栄と国際的地位の向上を示すものだった。私は、それを誇らしく思った。

しかし、2013年以降の来日外国人旅行客の急増は、その当時とは全く逆の原因によって生じている。多くの外国人が日本を訪れることは、一見して、日本の魅力が増していることの結果と考えられるかもしれない。しかし、実はそうではなく、それは日本が貧しくなり、物価が安くなったことの表れなのだ。

「安い日本」に対応した人材しかいない

日本が貧しくなるとともに、人材が劣化した。

それを象徴するのが、論文数の低下だ。

文部科学省の科学技術・学術政策研究所が2022年8月に公表した「科学技術指標2022」によると、「Top10%補正論文数」（研究内容が注目されて数多く引用される論文の数）で、日本は3780本。スペインの3845本、韓国の3798本より少なくなり、過去最低の12位に転落した。

なお、1位は中国（4万6352本）、2位はアメリカ（3万6680本）。日本の数字は中国の12分の1だ。

さまざまな国際比較ランキングでも、日本の人材の質が低下している。

日本の給与が低いのは、生産性の低い人が多いからだ。こうした状況で、賃金が上がるはずはない。

日本には「安い人材」しかいなくなった。いや、そうではない。正確にいうと、本当は能力があるのに、日本の社会構造のために、それを発揮できないのだ。多くの有能な人材が、潜在能力を発揮できずに安い賃金に甘んじている。

これは、「安い日本」におけるもっとも深刻な現象だ。この問題について、第6章と第7章で詳しく検討する。

第2章

昔はこうでなかった

1　振り返れば夢のようだった1980年代

「アメリカ企業も日本企業のようになる必要がある」

日本は昔からいまのような状態にあったのではない。1980代には、世界のトップにいた。

1970年代から80年代にかけて、石油ショックによって欧米諸国の経済が見る影もなく沈滞するなかで、日本の経済力は日増しに増大した。日本の一人当たりGDPは、1981年にドイツを、83年にイギリスを抜き、87年にはアメリカを抜いた。1985年に、アメリカ経済の窮状を救うためのプラザ合意がなされた。

エズラ・ヴォーゲルによる1979年の著書『ジャパン・アズ・ナンバーワン』が評判になった。

一方、1980年代のアメリカ産業は弱体化していた。アメリカが直面した問題と日本企業の成功要因を詳細に分析し、アメリカがとるべき解決策を提言したのが『Made in

America　アメリカ再生のための米日欧産業比較』という報告書だ。

この報告書は、マサチューセッツ工科大学（ＭＩＴ）の産業生産性調査委員会によって作成され、ノーベル経済学賞受賞者であるロバート・ソローが副委員長を務めた。

報告書は、「アメリカ企業も日本企業のようにならねばならない」と主張している。それは日本が、巨大で垂直統合された企業体制、銀行と株式を通じた密接な提携関係、終身雇用制度という特有の経済システムを持ち、それが長期的なマーケットシェア最大化戦略を可能にし、その結果、日本企業が高い生産性を実現していると評価したからだ。

アメリカ企業の弱体化の一因として、シリコンバレーにおけるベンチャーキャピタルの登場とその影響が指摘されている。ベンチャーキャピタルは、アップルなどの新興企業に投資し、その結果、優秀な技術者が新たなチャレンジを求めて従来の企業から移籍し、一時期を風靡《ふうび》した大企業、例えばモトローラやフェアチャイルドなどが衰退の道を辿ったと指摘した。

確かに、この当時、アップルはごく少数のマニアックなユーザーが熱狂的に支持していたが、メインストリームの企業ではなかった。時価総額で世界のトップに立つ企業になるだろうなどとは、誰にも想像できなかった。

モトローラやフェアチャイルドといっても、いまでは、知らない人のほうが多いだろう。

「モノづくりを続けるしかない」という思想

1980年代の時代の技術体系と産業構造は、製造業を中心とするものだった。鉄鋼業などの重厚長大型装置産業と、自動車や電気機器などの大量生産製造業が基幹産業であり、組み立て産業やモノづくり産業が経済の主役を担っていた。

そうした中で、日本からアメリカへの大量の輸出が始まり、それがアメリカの製造業を衰退させた。そして、アメリカの産業構造を転換させることが可能か否かという議論が起きたのだ。

『Made in America』の基本思想は、「サービス産業が国民経済の中で大きな比重を占めることはできない」というものだった。サービス化は困難であり、モノづくり産業を続けるしかないという主張だ。

『Made in America』は、次のように主張している。「製造業からサービス産業への転換は、国民経済の発展の過程として避けることのできない道であり、同時に望ましい過程であるという見方がある。しかし、我々は、この考え方は間違いであると考える。アメリカのように巨大な大陸型経済は、将来とも、サービスの生産を中心として機能することは不可能であろう」。

そして、「アメリカは、世界市場において製造業の分野で競争に勝つことを選択する他に余地はない」という結論を導いた。その理由は、「商品を輸入するためにサービスを輸出するという構造は現実的ではない」ということだ。

日本型システムがマッチしていた

この当時の産業構造と、日本の社会構造は、きわめてよくマッチしていた。それは、創造性や独創性よりも、協調作業を重視する仕組みである。

『Made in America』は、アメリカの教育システムには多くの問題が存在すると指摘している。特に、初等及び中等教育の段階において問題があるとする。

報告書はアメリカ式の教育システムと日本のOJT（職場における実践的な訓練）を比較し、議論している。アメリカ式の教育システムでは、仕事に必要な特殊技能の大半が正規の教育機関で教授されるのに対して、日本では職場で直接的、具体的な訓練が行なわれる。報告書は、日本のOJT方式が優れていると主張している。

しかし、実際に起きたのは、この評価と正反対のことだった。基礎研究や大学の研究室発の革新的な新技術が産業界に大きな影響を与え、それがアメリカの産業を大きく変えたのである。

世界が日本に学ぼうとした

国際共同研究のテーマは、「なぜ日本の経済はこんなに強いのか?」だった。日本経済について、アメリカで講演をする機会も何度かあった。日本語で学ぼうと、世界から留学生が来た。アメリカ、イギリスの学者は、日本の生活費が高くて日本に来られなかった。アメリカから日本に帰ってくると、「なんと町がきれいなのだろう」と思った。

私は、家族を連れてヨーロッパを大名旅行した。バルセロナ・オリンピック(1992年)の頃だ。

その後、事態は変化してきたが、2000年代になっても、まだ日本は豊かだった。私は、2004年の4月から1年間、スタンフォード大学にいた。日本の一人当たりGDPは、アメリカと大差がなかった。

ただし、日本人留学生の減少、優秀な中国の留学生の増加など、変化の兆しはあった。

グーグルがＩＰＯ（株式公開）し、アップルがiPodで水平分業を始めた。

2　中国工業化に円安と補助金で対処した誤り

情報通信技術に大きな変化があった

1980年代以降、世界経済に大きな変化が起きた。

第1の変化は、先進国の中心産業が、製造業から情報通信へと転換したことだ。これは、中国をはじめとする新興国が工業化に成功し、安い労働力で生産が可能になったことによる。

アメリカは、この条件変化に対応して脱工業化を果たし、生産性の高いサービス産業を成長させた。アメリカは、『Made in America』が望んだ「製造業の復活」という方向とはまったく逆の方向に進み、そして史上空前の繁栄を実現したのだ。

第2の変化は、情報通信の技術の中で生じた。それまでの大型コンピュータを中心とする集中型の仕組みから、PCとインターネットを用いる分散型の仕組みへ、さらにクラウドコンピューティングへという変化だ。

大型コンピュータを中心とする情報処理の仕組みは、日本の社会構造や企業構造にあったものだった。しかし、日本は、分権的性格を持つ情報技術であるＩＴには対応できなかった。そして、全てを自社内で処理しようとするために、クラウド化も進まなかった。

円安で利益があがるため、企業が技術開発を怠った

１９９０年代以降、中国の工業化に押されて、日本企業の衰退が顕著になった。それを救済するために行なわれたのが、円安政策である。とくに２００３年以降、大規模な円安介入が行なわれた。

これによって、１９９０年代後半に壊滅的な状況に陥っていた日本の重厚長大産業、とくに鉄鋼業が復活した。

円安になれば、円建ての輸出額は増加する。したがって、企業の売上は増加する。他方で円建ての輸入額も増加するが、これは売上に転嫁され、最終的には消費者に転嫁される。したがって、企業の利益が増加することになる。

このように、円安によって安易に利益を増やせるため、日本企業は新しい技術を開発する努力を怠るようになった。つまり、２０００年代の日本製造業の復活は、見かけ上の復

活であり、本当の復活ではなかった。

これ以降、日本政府は継続的に円安政策を続けた。2010年頃の民主党政権も、円高になった為替レートを円安に誘導しようと、様々な努力を行なった（ただし、成功しなかった）。

そして、第二次安倍政権のもとで、2013年4月に、異次元金融緩和という大規模な金融緩和政策が導入された。

第3章でも述べるように、この政策の目的は、表向きは消費者物価上昇率の引き上げとされたのだが、実際の目的は、円安だったと考えられる。つまり、国債を大量に購入することによって長期金利を引き下げ、外国との（とくにアメリカとの）金利差を拡大し、それによって円安に導くことであったと考えられる。この目的は、ほぼ達成された。

なお、低金利政策の目的としては、円安の実現だけではなく、財政資金の調達コスト引き下げもあったと考えられる。これによって、国債に依存して財政資金を調達するのが容易になった。そして、人気取りのバラマキ政策が行なわれた。これは、とくにコロナ禍において顕著に見られた。ただし、同じことは、日本だけではなくアメリカでも行なわれた。

なお、異次元金融緩和開始後に財政支出や国債発行額が顕著に増加したという現象は見られない。したがって、金利引き下げの主要な目的は、円安の実現にあったと考えるのが妥当だろう。

3　産業構造の変化と賃金停滞

日本の賃金停滞は、30年間続いている

大幅な賃上げを実現できるかどうかが、今後の日本経済にとって重要な意味を持つと言われる。

では、大幅な賃上げは可能か？　そして、それを一時的なものにせず、長期的な賃金上昇につなげていくことができるか？

この問題を考えるための基礎データとして、製造業、卸売り小売業、サービス業について、賃金（従業員一人当たりの給与・賞与）の長期的な動向を示すと、図表2－1の通りである（法人企業統計調査による。ここでサービス業とは、飲食宿泊、学術、医療・介護）。

1990年代の中頃までは、どの産業の賃金も傾向的に上昇していた。ところが、そこで頭打ちになり、それ以降は、上昇しなくなった。

製造業では、2008年頃以降、緩やかな上昇に転じている。しかし、卸売・小売業で

図表2-1　年間賃金（従業員一人当たりの給与・賞与）の推移

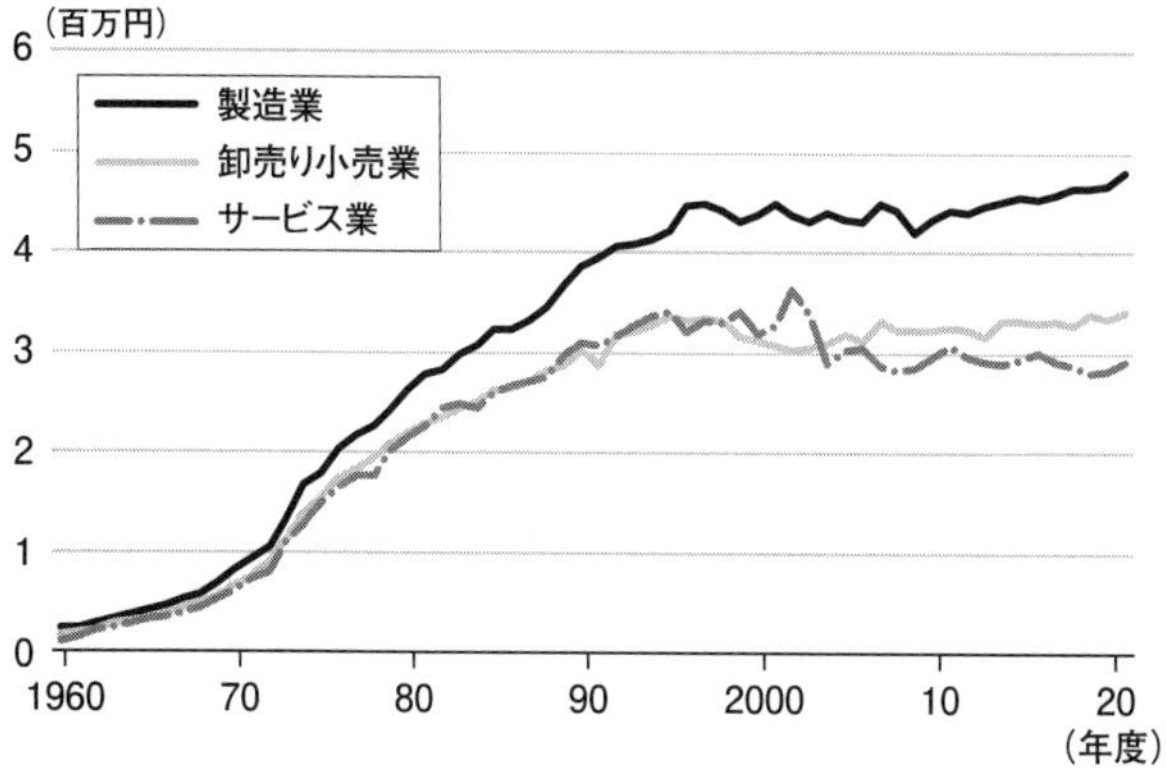

法人企業統計調査のデータにより著者作成

はほとんど横ばいであり、サービス業では2000年以降、低下気味だ。

この図で明らかなように、賃金停滞問題は、ここ数年間の現象ではない。30年近くにわたって続いている問題だ。そして、一部の産業の問題ではない。ここでは3つの産業しか示していないが、他の産業でも、程度の差こそあれ、同様の傾向が見られる。したがって、この状態を覆すのは極めて難しい。

分配率はほぼ一定

なぜ賃金が頭打ちになったのか？

まず、これが分配率の低下によるものではないことに注意しよう。図表2－2には、付加価値に対する賃金総額の比率（賃金分配

図表2-2　分配率の推移

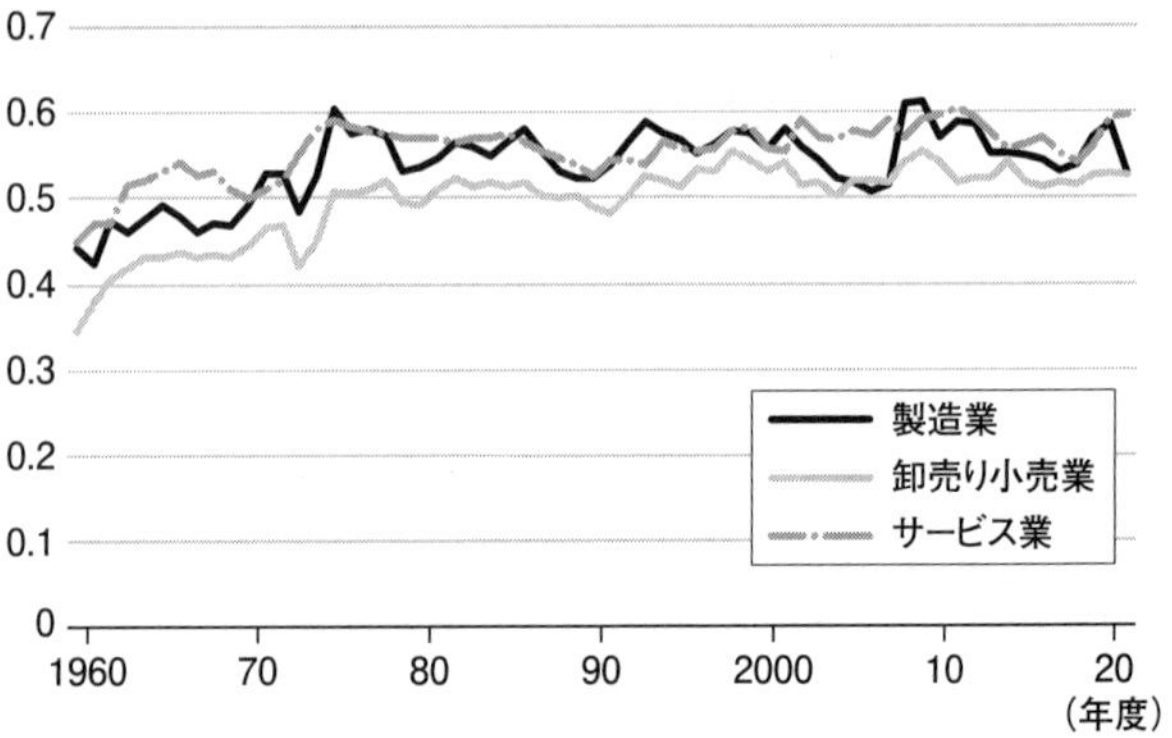

法人企業統計調査のデータにより著者作成

率）を示す。ここで、「付加価値」とは、人件費、支払利息等、動産・不動産賃借料、租税公課、営業純益の計だ。

この比率はどの産業でも、１９７０年代の中頃以降、ほぼ一定だ。

なお、分配率が一定とは、経済理論からも得られる結論だ。企業が利潤最大化行動を行なえば、各生産要素への分配率は、一定の値になるはずなのである。

日本の賃金が上がらないのは、分配率が低下したからではない。また、分配率を引き上げても、継続的な賃上げは実現できない。

多くの人は、賃上げとは分配率を引き上げることだと考えている。一時的には、それは可能かもしれない。しかしそれは経済原則に反することなので、そのようなことを続ければ企業の利益が減少してしまい、企業は破綻してしまう。

安倍内閣は、賃上げのために春闘に介入したり、賃上げ税制を導入したりした。しかし、これらは、生産性には何の影響も与えることがない政策だ。だから、賃上げは実現しなかった。これは、当たり前のことである。

分配率がほぼ一定だから、従業員一人当たり付加価値(これを「生産性」という)の推移も、図表2-1と同じような形になる。つまり90年代の中ごろまでは増加したが、それ以降は頭打ち、ないしは緩やかな減少になっている。だから、賃金も頭打ちになったのだ。

なぜ90年代の中頃以降に頭打ちになったかは、後で論じることとする。ここでは、次のことを強調しておこう。つまり、「賃金を上げるためには、就業者一人当たりの付加価値を増大しなければならない」ということだ。

だから、労働組合が経営者と交渉して賃上げを求めても、それだけでは継続的な賃上げは実現できない。多くの人は、このような交渉によって賃上げが決まると考えているが、そうではないのだ。

付加価値を増大させるのは、簡単なことではない。だから、賃金を引き上げるのも、極

図表2-3 従業員数の推移

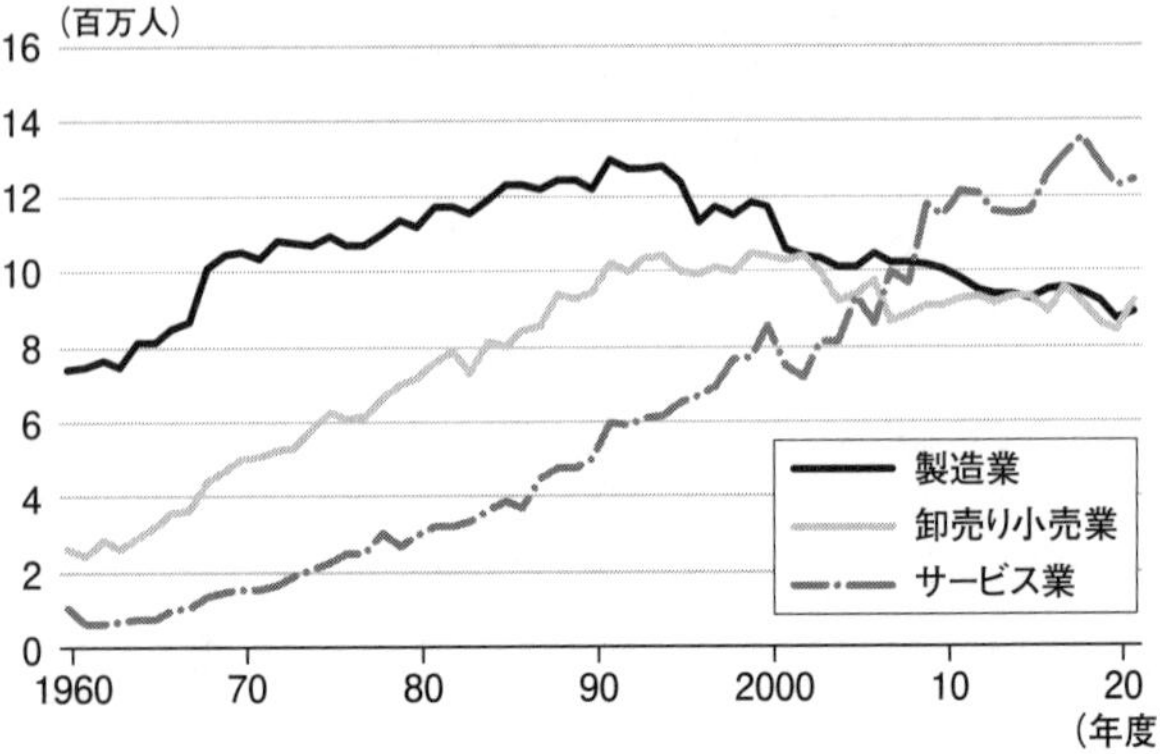

法人企業統計調査のデータにより著者作成

めて難しい課題なのである。

低生産性部門の従業員が増加した

従業員数の動向は、図表２－３に示す通りだ。90年代の初め頃までは、どの産業でも増加したが、中頃から製造業で減少した。卸売り小売業でも増加が止まり、緩やかな減少に転じた。それに対して、サービス産業が傾向的に増加している。

ところで、生産性は、産業によって大きな差がある。２０２１年度で見ると、製造業９１２万円、卸売り小売業６４８万円、サービス業４８９万円となっている（一人当たり給与・賞与は、製造業４２８万円、卸売り小売業３１３万円、サービス業３６３万円）。

生産性の高い製造業の比率が低下し、生産性が低いサービス業の比率が上昇したため、経済全体の生産性は低下した。

90年代中頃に何が起こったのか？

従業員一人当たりの付加価値の成長が90年代中頃で止まったのは、なぜだろうか？　多くの人は、バブルが崩壊したからだと言うだろう。

確かに、90年代の中頃は、金融危機の時代である。多くの金融機関が破綻し、日本に終末的雰囲気が蔓延した。就職氷河期とも言われた。

しかし、破綻したのは金融機関であって製造業ではない。なぜ金融機関の破綻が製造業に影響するのだろうか？

なぜ90年代の中頃に日本が突然成長を停止してしまったのかという問題は、それほど簡単なものではない。

私は、前節の冒頭で述べたように、中国の工業化が基本的な原因だったと考えている。それによって、日本の製造業の製品が世界の市場から駆逐された。それがもたらす問題が、バブル崩壊をきっかけに一挙に表面化したのだ。

本当はこの時に、製造業の高度化や、情報産業の成長が実現されるべきだった。日本でそうした変化が生じなかったことが問題だ。

どうすれば生産性を向上できるか？

以上で見た傾向が今後も続けば、賃金を継続的に引き上げていくことはできない。2023年に大幅な賃上げ率が実現しても、一時的な現象に終わるだろう。

では、どうしたらよいのか？　製造業に対する需要が今後継続的に増加するとは考えられない。だから、製造業の生産額を増やしていくことは難しいだろう。

卸売小売業やサービス産業については、抜本的な生産性上昇がない限り、賃金が上昇する見込みはない。

サービス産業や流通業での生産性を高めていくことが必要であり、デジタル化は、この点において重要な意味を持つはずである。

これを実現できるかどうかが、日本経済の今後の動向を決める。この問題は、第5章で再び取り上げる。

4　賃金停滞の基本要因は技術開発の停滞

物価が上がっても賃金は上がらない

前節で見たように、日本の賃金は1990年代の中頃からほとんど上がっていない。それに対して、世界の多くの国で、この間に賃金が上昇した。そのため、日本の国際的な地位が著しく低下した。

「日本で賃金が上がらないのは、物価が上がらないからだ」と言われてきた。そして、物価が上がれば賃金も上がるとされて、金融緩和が行なわれた。金融緩和はとめどもなく続けられたが、効果は一向に現れなかった。

2022年には、金融緩和政策の結果ではなく、外国のインフレーションが日本に輸入されたことに加えて円安が進んだために、日本の物価上昇率が3%を超えた。しかし、賃金上昇率はそれに追いつかず、実質賃金は下落した。つまり、物価が上昇しても賃金はそれに見合って上がらないということが、はっきりした。

図表2-4 賃金の長期的推移

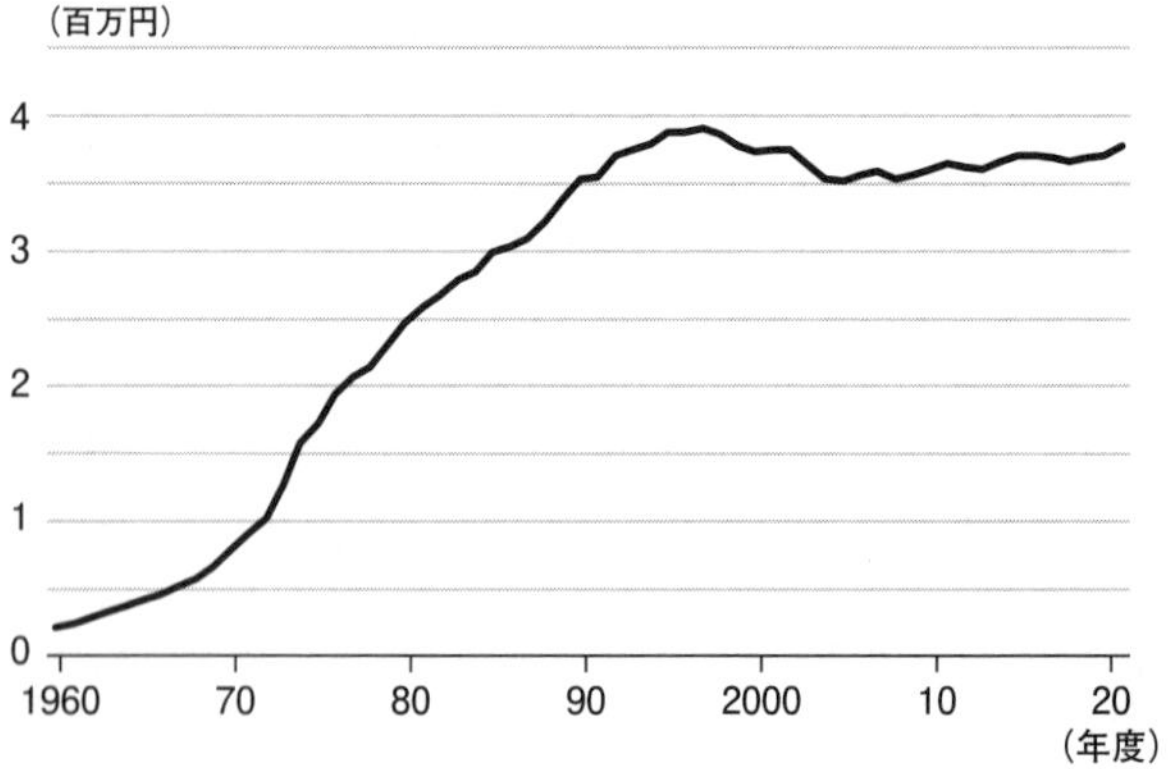

法人企業統計調査のデータにより著者作成

1990年代の中頃から続く、日本経済の停滞

では、日本の賃金はなぜ上がらないのか？ それを変えるには何が必要なのか？

以下では、前節と同じく、法人企業統計調査の長期データ（金融業、保険業を除く全法人）を用いて、この問題を考えることとする。

前節では産業構造の違いに着目したが、ここでは、資本装備率と技術進歩に焦点をあてる。

図表2－4に示すように、従業員一人当たりの給与・賞与（以下、「賃金」と言う）は、1990年代までは急成長した。1960年度に21・6万円であったものが、1997年度には390・9万円となった。この間に

18・1倍に成長したことになる。世界でも稀にみる高成長だ。

しかし、ここがピークで、その後、2005年度までは低下した。その後はほぼ横ばいで、2021年度には377・6万円となっている。なぜこのような変化が起きたのかを以下に検討しよう。

賃金を決める2つの要素

経済理論によれば、賃金は、資本装備率と全要素生産性で決まる。

一定の仮定の下で、賃金は、資本装備率の（1-a）乗と、全要素生産性の積に等しいことが導ける。すなわち、つぎの関係が成立する。


賃金＝（資本装備率）^（1-a）・（全要素生産性）

ここで、資本装備率とは、従業員一人当たりの有形固定資産額だ。なお、法人企業統計調査は、これを「労働生産性」と呼んでいる。ここでは、通常の用語法にしたがって、「資本装備率」と呼ぶ。また同調査では1960年度の値が欠落している。そこで、ここでは「期末固定資産」「期末有形固定資産額」を従業員数で割ることによって資本装備率を算出した。

aは、労働の弾力性だ。従業員数（労働力）が1％増加すれば、付加価値生産がa％だけ増加する。一定の条件の下で、労働分配率はaに等しいことを証明できる。

この式から分かるように、資本装備率が1％増加すると、賃金は（1-a）％増加する。aの値は安定的であり、0・4から0・6程度だ。

資本装備率停滞も原因だが、それだけでない

図表2－5に示すように、資本装備率は、90年代までは上昇した。しかし、その後は低下し、2005年頃以降は、ほとんど一定の値だ。

図には示していないが、この間に、従業員数もほぼ不変だ（2005年度に4158万人、2021年度に4157万人）。したがって、有形固定資産がほぼ一定ということになる。つまり、投資と資本減耗（減価償却）とがほぼ等しくなっているのである。

これが賃金停滞の原因の一つになっていることは否定できない。しかし、90年代までの賃金の上昇は、これだけでは説明できない。その理由はつぎのとおりだ。

図表2-5 資本装備率の推移

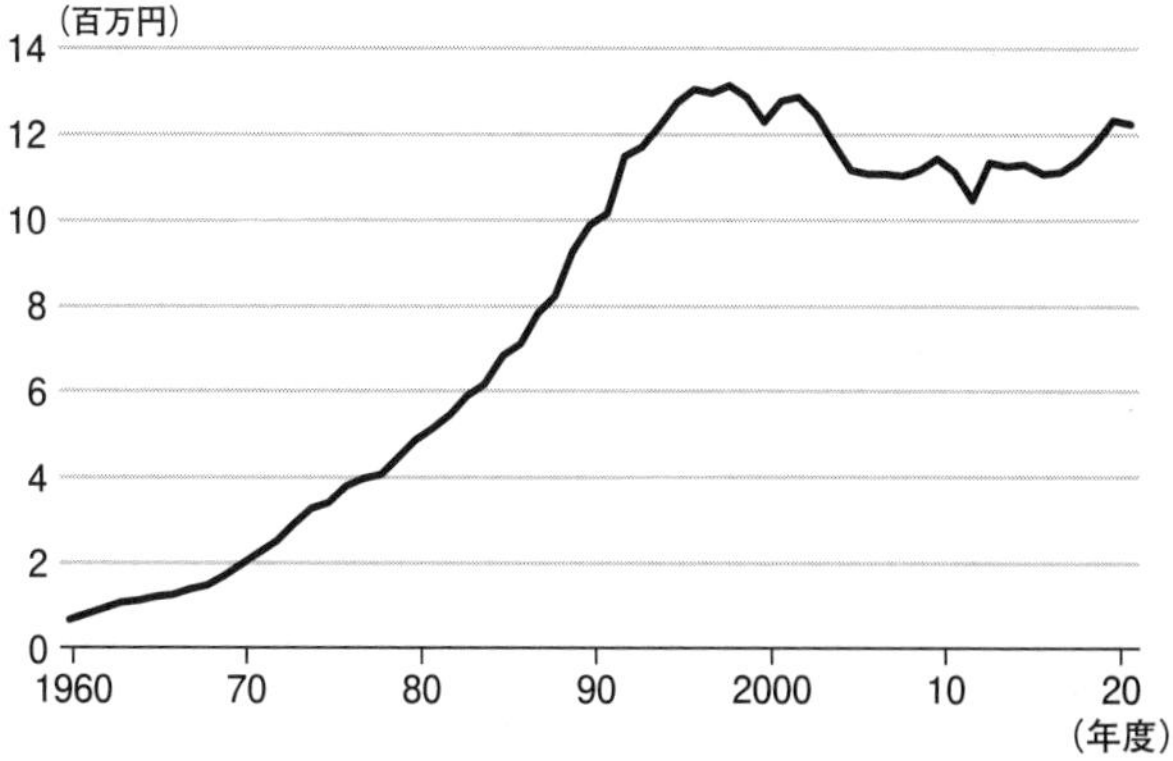

法人企業統計調査のデータにより著者作成

資本装備率は、1960年度の67万円から、1997年度の1295万円まで、19・3倍になった。aが0・5だとし、かつ全要素生産性が不変なら、前式から、賃金は4・4倍になるはずだ。しかし、上述のように、この間に賃金は18・1倍になった。

これは、全要素生産性がこの間に4・1倍になったことを意味する。つまり、90年度までの賃金上昇に対して、全要素生産性は資本装備率とほぼ同程度の影響を与えたのである(なお、前記の値は、aの値をどう取るかによって変わる。また、先に挙げた式は、実質値の関係を表しているので、本来は実質賃金のデータを用いるべきだ。しかし、ここで考えているような長期の実質賃金データは得られない。ここでは、資本装備率も名目値なので、名目賃金を用いることの問題は緩和されていると思われる)。

全要素生産性が賃金の動向に大きな影響を与えることは、諸外国においても見られる現象だ。

日本では、90年代以降になぜ投資が行なわれなくなってしまったのだろうか? 1990年代後半の金融危機と混乱がこれに影響したことは否定できない。しかし、2000年代になってからも資本装備率低迷の状況が変わらず、継続してしまったことが重要だ。これには、次項で述べる円安政策の影響が大きかったと考えられる。

基本的原因は、「全要素生産性」の停滞

全要素生産性は「技術進歩」と呼ばれることもあるが、狭い意味での技術進歩だけでなく、新しいビジネスモデルの開発や、産業構造の変化をも含む概念だ。右に見たように、1990年度までは非常に高い伸び率であり、高度成長の最も重要な要因の一つだった。それが90年代以降停滞してしまったのだ。

なぜ停滞したのか? その大きな原因は、円安政策だったと考えられる。中国の工業化に対抗するために、政府は円安を進め、ドルで評価した日本人の賃金を低くした。つまり、

安売り戦略をとったのだ。

円安になれば、企業の利益は自動的に増える。技術開発したり、ビジネスモデルを考案したりする必要はない。そして、産業構造の変化に伴うさまざまな摩擦現象も回避できる。

このために全要素生産性の伸びが止まり、そして、賃金の伸びも止まってしまったのだ。

円安政策が日本企業の活力を削いだ

円安政策は2000年代頃から始まり、アベノミクス以降の10年間さらに強化された。金融緩和と円安政策によって、成長のための基本的なメカニズムは破壊されてしまった。

日本の産業構造は、2000年ごろから基本的には変わっていない。変わったのは、それまで日本の主力産業であった電機産業が凋落したことくらいだ。

新しい産業が登場したり、新しい技術が開発されたり、新しいビジネスモデルが考案されたりするような変化はなかった。

進歩する世界の中で変化することを止めれば、凋落するのは当然だ。この意味で、日本の衰退は、経済政策によってもたらされたものだ。

金融緩和を続けても賃金は上がらない。日本経済を再生させるには、日本経済の構造が変わらなければならない。そのためには、新しい企業が登場して産業の新陳代謝が起こり、人々が一つの企業に固定化されるのでなく、企業間を自由に移動できる仕組みが構築されることが必要だ。いま求められているのは、そのような方向に向けて、経済政策の基本的なあり方を変えることなのである。

成功は失敗の元

1980年代に、世界経済の基本条件が大きく変化した。中国が工業化し、情報技術の急速な進歩があったからだ。それまでの世界では優れたパフォーマンスを発揮した日本の社会制度は、新しい条件下では優位性を発揮することができず、変革と進歩に対して桎梏《しっこく》となった。

企業も教育も、変化に対応して変わることができなかった。

企業が変わることができなかったのは、過去の成功事業を推進した人々が保守勢力となり、その影響力が経営方針に及んだからだ。彼らは、新しい事業に対しては抵抗勢力となり、ビジネスモデルの転換を阻んだ。

また、日本的な終身雇用体制の下では、企業は従業員の共同体であり、一つの企業で一生を過ごすことが求められる。そのため、人員整理や不採算事業の廃棄が難しく、ビジネスモデルの変革ができなかった。環境の大変化に直面しても、対応することができなかった。その結果、イノベーションのための投資が行なわれず、企業の競争力が低下した。

そして、教育制度の改革も進まなかった。

こうして、日本では、古いビジネスモデルが継続され、新しい経済活動が生まれることがなかった。

集団主義は、高度成長期においてはルーチンワークの効率的な遂行に有効だったが、独創性や個性が重要となる新しい技術体系の世界では、進歩を妨げる要素となった。

結局、日本は経済体制を新しい体系に作り変えることができなかった。そして、古い技術体系と社会システムが残った。古い技術体系が作り上げた社会が固定化してしまったのである。

5　補助金依存体質になった日本の製造業

政府が製造業に補助

２００８年のリーマンショックによって、日本の製造業は大きな打撃を受けた。これを救済するため、政府は特定の業種に対する補助を行なった。

２００９年、政府は産業革新機構を設立し、官製ファンドを通じて企業の再編成を支援する方針を明確にした。官製ファンドの設立は、実態的には企業救済であったが、ＤＲＡＭを製造するエルピーダメモリやＬＳＩを製造するルネサスエレクトロニクスが、将来性のある企業だとされて、投資が行なわれた。

しかし、官主導の業界再編成は失敗に終わった。エルピーダメモリは経営状態が悪化し、結局は他の企業に買収されることとなった。

産業革新機構の失敗は、補助金依存の問題を浮き彫りにした。政府の補助策が、企業の再編成や産業構造の変化を促進するのではなく、企業を補助金依存の状態に陥らせてしまったのである。

将来性の高い企業への投資は必要だが、それは市場メカニズムに基づいたものでなければならない。企業救済のための官製ファンドの設立は、一時的な救済策であるべきだ。そうでなければ、企業の自立や革新を阻害する可能性がある。

日本の製造業は、官製ファンドや政府の一時的な救済策に依存する傾向にある。液晶事業を手がけていた日立、ソニー、東芝が設立したジャパンディスプレイへの出資もその例だ。しかし、この試みも成功しなかった。

また、シャープの再建も政府の支援策を通じて試みられたが、これも結局は失敗に終わった。これらの失敗の原因は、産業革新機構が官製ファンドであるため、市場メカニズムがうまく機能しなかったからだ。

新しい産業構造は、新しい技術や、新しいアイデアを持った小規模企業やスタートアップ企業から生まれるものだ。官製ファンドでは、こうしたメカニズムを機能させることができない。政府の支援策は、もともと一時的な救済以上の機能を持つことは難しい。

テレビ受像機や自動車への補助

2010年から2013年までの円高期に、日本の製造業は深刻な打撃を受けた。特に輸出産業は、競争力の低下を直接に体感した。

政府は、燃費のよい自動車に対する補助金制度を導入し、製造業への新たな需要を創出した。エコカー補助金制度によって消費者は燃費のよい車を選択しやすくなり、自動車メーカーへの大きな恩恵となった。

また、政府はテレビ受像機の新規需要創出策として、地デジ移行の補助金制度を設けた。アナログ放送の停波と共に、地デジ対応テレビへの補助金が提供され、消費者はテレビ受像機の買い替えを促された。地デジ対応テレビの新規需要は、テレビ製造業にとって新たな商機となった。

これらの政府の補助金制度は、製造業の救済策として、一定の効果を発揮した。

しかし、こうした政策は一時的な救済策に過ぎず、製造業の根本的な問題解決にはならなかった。政策の恩恵を受けた一部の企業にとっては一時的な救済となったものの、製造業全体の競争力強化にはつながらなかった。

半導体にも補助

このような政策は、その後、ますます増えている。

台湾の半導体ファウンドリー大手ＴＳＭＣが熊本に工場を建設することとなったが、その建設費８０００億円の半額となる４０００億円が国からの補助金として支給された。

また、２０２２年には、次世代半導体量産のための新会社Rapidus（ラピダス）が設立され、ＮＴＴやキオクシアなどの大手日本企業から出資を受け、７００億円の支援を得ている。これも、政府が特定の企業を支援する政策と捉えることができる。

しかし、政府による特定の産業への補助は、産業の健全な発展を保証するものではない。それは、農業を見れば明らかだ。日本の農業は第二次大戦後、米価支持政策により保護され続けてきたが、それは、結果的には農業の衰退と、いわゆる「片手間農業」の増加を招く結果となった。

特定産業への補助は、その産業が衰退し始めたことの証拠である。生産性の低下という問題を抱えたまま、衰退産業を維持し続けることは、製造業にとって大きな問題だ。

6　デジタル化の遅れが、サービス収支赤字拡大の大きな要因

デジタル収支の赤字が、サービス収支赤字の84％

日本の技術面での立ち遅れの結果が、国際収支にも顕著に現れてきた。

その第一は、サービス収支においてデジタル関連の赤字が拡大していることだ。

２０２２年の国際収支速報によると、２０２２年のサービス収支は、５・４兆円の赤字だが、その大部分がデジタル関連で生じている。

「デジタル関連」という概念は、日銀の資料で示されているものだ（「２０２１年の国際収支統計および本邦対外資産負債残高」の「補論1．サービス収支の動向」による）。

これは、つぎのものから成る。著作権等使用料、コンピュータサービス、専門・経営コンサルティングサービス。これらは、サービス収支の大分類では、「その他のサービス」に含まれている。

デジタル関連のサービス収支は、２０２２年に４・７兆円の赤字になった。

その内訳は、つぎのとおり。
・通信・コンピュータ・情報サービス：1・6兆円の赤字。
・専門・経営コンサルティングサービス：1・7兆円の赤字。
・著作権等使用料：1・5兆円の赤字。

4・7兆円は、サービス収支赤字5・6兆円の84％にもなる。

ただし、厳密に言うと、4・7兆円の中には、デジタル以外のものも含まれていることに注意が必要だ。実際、前記日銀の資料でも、「著作権等使用料にはキャラクターの使用料等のコンテンツ以外の取引も含まれるほか、専門・経営コンサルティングサービスにはスポンサー料等も含まれている」としている。

「通信・コンピュータ・情報サービス」の赤字が急激に拡大

そこで、前記のうち、「通信・コンピュータ・情報サービス」についてみることとしよう。これは、文字通り、全部が「デジタル関連」だ。そして、この赤字だけで、サービス収支赤字の約3分の1になる。

図表2-6 通信・コンピュータ・情報サービスの赤字の推移

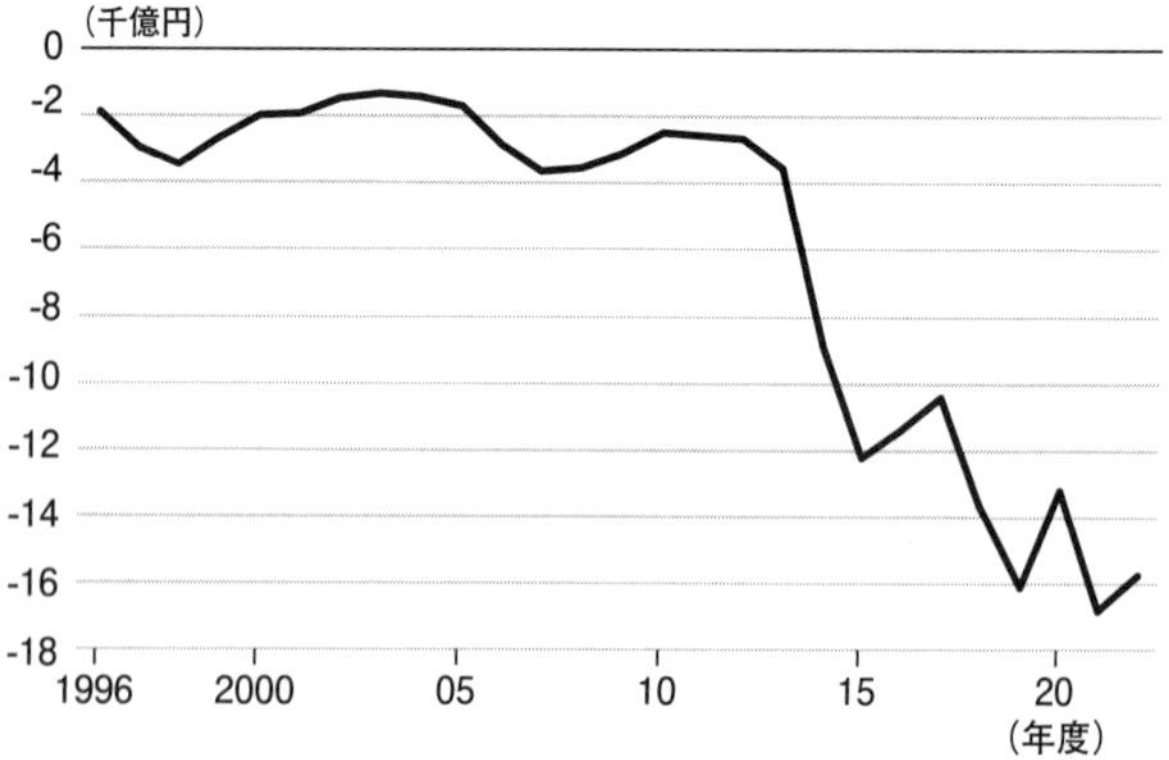

財務省、国際収支統計のデータにより著者作成

図表2－6に見るように、「通信・コンピュータ・情報サービス」の赤字は、2013年から急激に拡大している。

国際貿易投資研究所によると、2020年において、世界各国の「通信・コンピュータ・情報サービス」の収支尻は、日本は123億ドルの赤字であり、世界最大の支払い超過国だ。

なお、第2位以下は、ドイツ、フランス、イタリア、ブラジル、シンガポールなどとなっている。

受け取り超過国の1位はアイルランドで、1474億ドルの黒字。以下、インド、イスラエル、イギリス、アメリカが続く。

注目されるのは、アメリカが、2010年

までは支払い超過だったことだ。しかし、2015年から受け取り超過に転じ、2020年の超過額は167億ドルになった。

つまり、2013年頃から、日本の支払い超過が拡大するのに対応して、アメリカの受け取り額が増大していることになる。

日本におけるクラウド化の遅れ

右に見たことの背景には、アメリカIT大手が、クラウドサービスを拡張していったことがある。

従来の日本では、クラウドを敬遠する傾向があった。多くの企業（とりわけ大企業）は、独自の社内ネットワーク（LAN）を構築している。従業員が用いるPCは、このネットワークに接続されている。情報システムは自社で閉じており、クラウドによる情報管理を排除しているのだ。

こうなってしまった大きな原因として、SIer（システムインテグレーションを行なう業者）と発注企業との固定的関係があげられる。多くの日本の組織は、SIerへの丸投げ体制だった。それによって、SIerは巨額の利益を得てきた。クラウド化するよりも、個別システムを複雑怪奇にカスタマイズするほうが儲かるのだ。そこで、SIer業界は、レガシーシステムの保守メンテにしがみつこうとする。丸投げになってしまう原因として、経営者がITに疎いという事情がある。

日本でも、その状態がやっと変わり始めた。総務省は2020年2月、「政府共通プラットフォーム」に、アマゾン・ウェブ・サービスのクラウドサービス「Amazon Web Services（AWS）」を採用することを決めた。デジタル庁も21年10月、行政システムのクラウド化に使うサービスについてAWSとグーグルの2社を選んだと発表した。

外国製のシステムが、国内大手企業を差し置いて採用されたことに注目したい。国内のクラウドサービスのシェアは、AWS、Azure（マイクロソフト）、GCP（グーグル）で8割を超える。

図表2－6で見た「通信・コンピュータ・情報サービス」の赤字拡大の背後には、こうした事情がある。

サービス収支赤字の原因が旅行から高度サービスに移行

日本のサービス収支は、1996年以降、一貫して赤字だった。それは、図表2－7に

図表2-7　サービス収支の推移

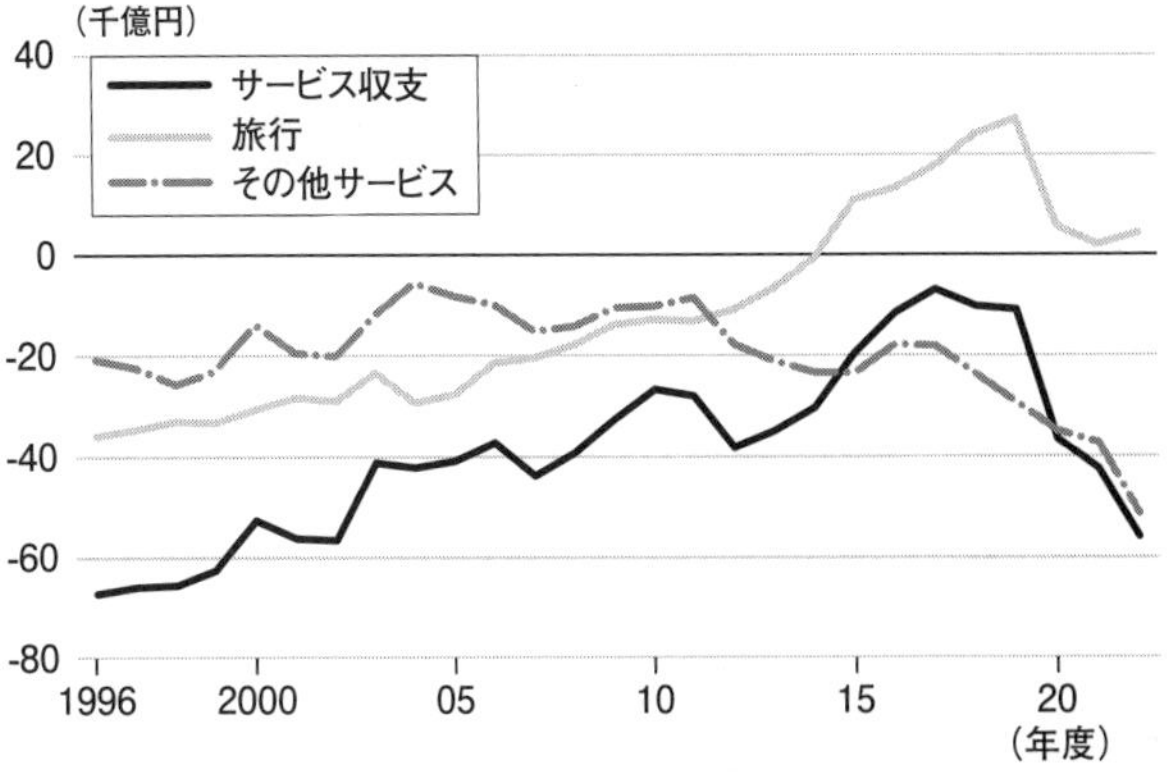

財務省、国際収支統計のデータにより著者作成

見るように、旅行収支が赤字だったからだ。

ところが、サービス収支の赤字は、２０１６年頃まで縮小してきた。その原因は、旅行収支の赤字が減少したことだ。２０１５年からは海外からの観光客が増加して、旅行収支は黒字になった。

しかし、２０１８年からは、再び赤字が拡大した。その原因は、一つは新型コロナウイルス感染症の影響で、２０２０年以降は外国人旅行者が減少し黒字が縮小したことだが、もう一つの重要な要因は、「その他のサービス」の赤字が、２０１２年ごろから顕著に拡大していることだ。

「その他のサービス」の赤字が拡大するのは、これまで見てきたように、ＩＴサービスやコンテンツ配信などのデジタル関連の支払拡大等による。

第1章の5で述べたように、旅行収支で黒字になるのは、その国の物価水準が、国際的にみて低いことを意味している。2013年ごろから旅行収支が黒字化したのは、円安の影響だ。

それに対して、「その他のサービス」で赤字になるのは、日本の産業が高度サービス産業に転換できていないことの結果だ。

安売り分野では黒字になるが、ハイテク分野では赤字になる。これは、現在の日本経済の状況を象徴している。

貿易収支でも、日本技術劣化の影響が顕著

以上で見たのはサービス収支だが、貿易収支でも、同じ傾向がみられる。

かつての日本の花形産業だった電気機械の凋落が顕著だ。家庭電化製品の貿易収支赤字が拡大しているし、資本財としての電気機械の貿易収支黒字も減少している。

図表2－8は、日本と韓国の輸出に占めるハイテク製品の比率を示す。日本の数字は、水準も低く、かつ、緩やかではあるが2019年まで低下を続けた。

図表2-8 日韓の輸出に占めるハイテク製品の比率

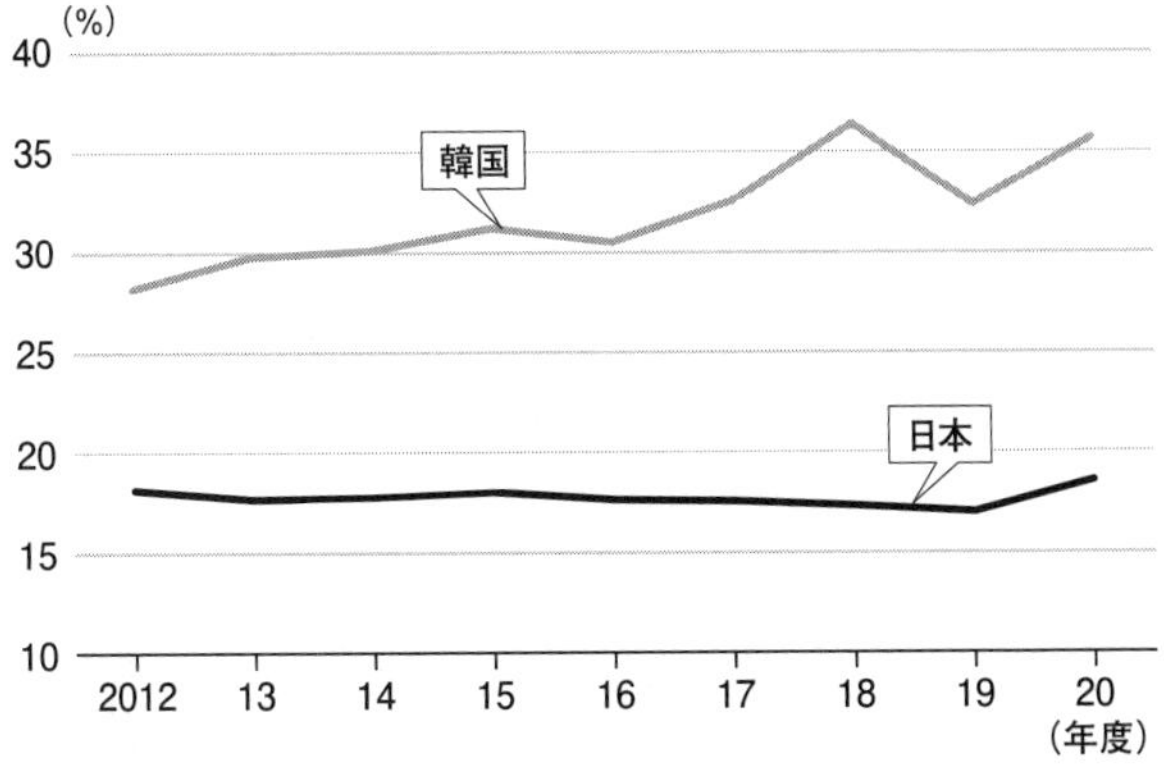

World Bankのデータにより著者作成

それに対して韓国は、水準も高く、かつ上昇傾向にある。とりわけ、2017年ごろからの上昇が顕著だ。

日本企業は、低金利と円安の中で、イノベーションを怠り、衰退したのだ。この傾向を逆転しなければ、日本に未来は開けない。これこそが、日本経済が直面している最大の課題だ。

7　日本の生命線が壊れ始めた。電機産業はなぜ凋落したのか

資本財と自動車の黒字で、鉱物性燃料の赤字を賄ってきた

これまでの日本の貿易収支を見ると、図表2－9のとおりだ。石油や石炭といった鉱物性燃料の収支が赤字で、資本財と乗用車の収支が黒字という構造が続いている（なお、乗用車の黒字より資本財の黒字がずっと大きいことに注意が必要だ）。

資本財も乗用車も、モノづくりだ。日本は、ソフトウェアは弱いが、モノづくりは強いと、いままで考えられてきた。実際にモノづくりが強いことが、図表2－9からも分かる。しかし、この構造が変わってきている。日本をこれまで支えてきた屋台骨が腐ってきているのだ。

2022年の貿易収支は、約20兆円という巨額の赤字になった。こうなった大きな要因は鉱物性燃料の貿易赤字が、2021年の16・0兆円から、2022年の31・3兆円へと15・3兆円増加したことにある。しかし、それだけではなく、長期的に進んでいる構造的

図表2-9 貿易収支と鉱物性燃料、資本財収支

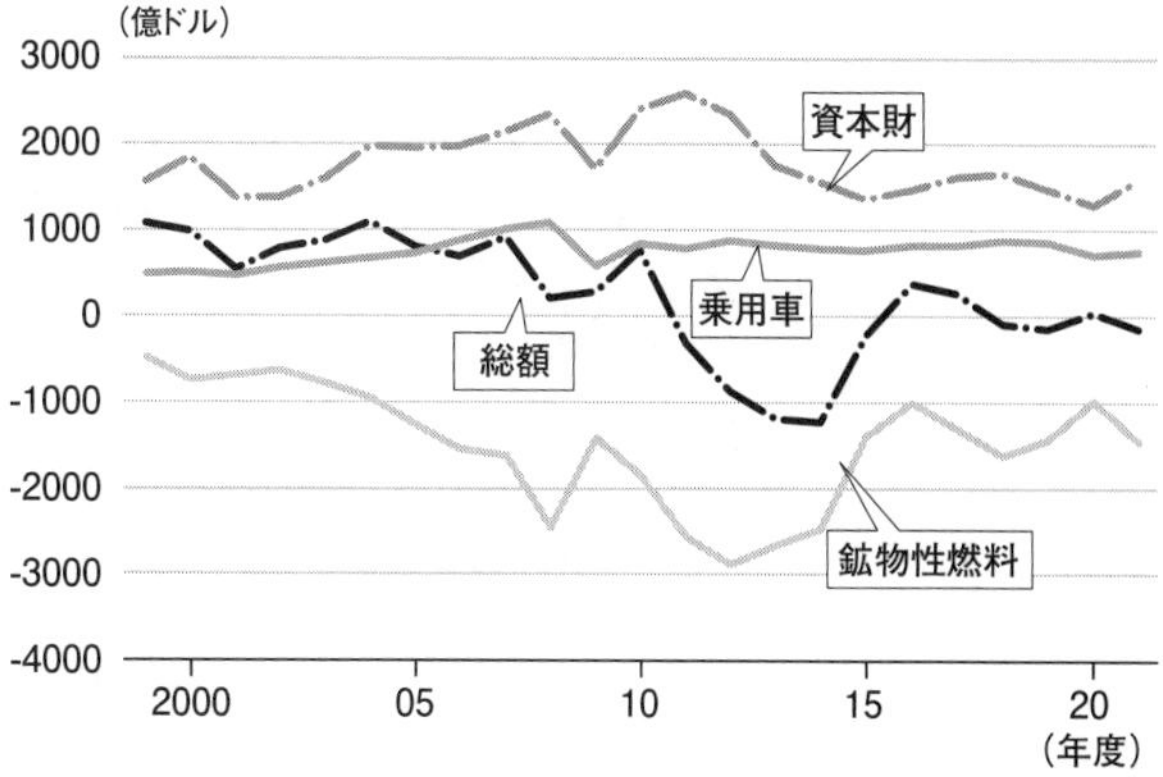

JETROのデータにより著者作成

な変化の影響もある。鉱物性燃料の輸入額急増は多分一時的なもので、元に戻る可能性が強い。しかし、構造的な変化は、継続する可能性が高い。それは、日本の将来に深刻な問題をもたらすだろう。以下では、この問題について検討することとする。

資本財収支が長期的に減少

資本財の輸出入差額をいくつかの項目について示すと、図表2-10の通りだ。2008年頃から、電気機器の黒字が顕著に減っていることが注目される。2008年から2021年の間に457億ドルも減少しているのだ。1ドル=130円で換算すれば、約6兆円になる。

図表2-10 資本財の内訳

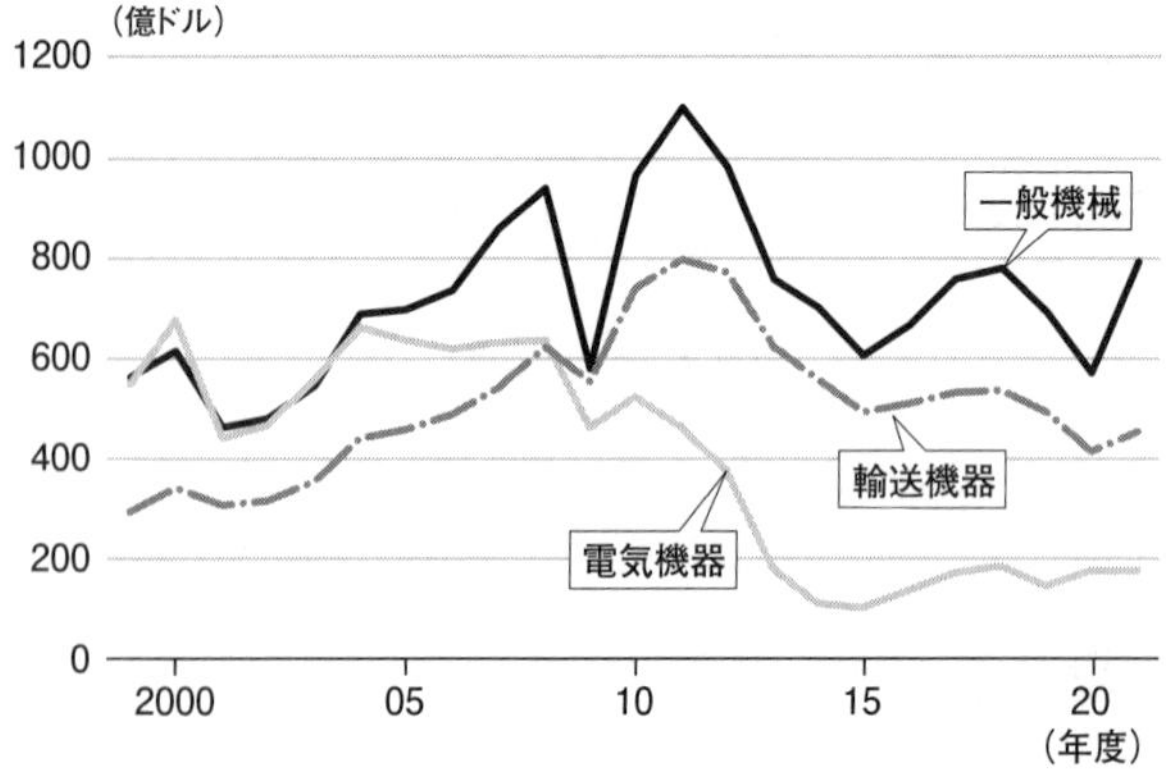

JETROのデータにより著者作成

仮に2022年においても電気機器の黒字が2008年のレベルであれば、2022年の貿易赤字は、約6兆円減少しているはずだ。これは、前述した鉱物性燃料の赤字増15・3兆円の4割にもなる。そして、貿易収支全体の赤字は、20兆円ではなく、14兆円にとどまったことだろう。このように、長期的構造的変化が貿易収支に与える影響は、大きい。

なお、耐久消費財の家電製品も、額は少ないものの赤字であり、かつ赤字額が増え続けている（図には示していない）。

中国に依存しなければデジタル化を進められない

以上で見たのは対全世界の変化だが、対中

貿易を見ると、ある意味でそれより大きな変化が生じている。

第1に、電気機器の貿易収支は、2004年を境に、黒字から赤字に転じた（図表2－11参照）。日本は、対全世界では、いまでも資本財としての電気機器の生産で優位に立っており、そのため、この分野で貿易黒字を実現している。しかし、対中国では、20年前から、立場が逆だ。

第2に、家庭用電気機器では、継続的に赤字だ。対中赤字は21年で70億ドル。これは対全世界赤字89億ドルの79％に当たる。つまり、家庭用電気機器の赤字は、ほとんど対中国で生じているのだ。

以上で見たことは、中国製造業の水準が、日本のレベルに追いつき、追い越したことを示している。実際、5Gの基地局の機器では中国の通信機器メーカー、ファーウェイの進出が目覚ましい。改めて身の回りをみると、PCやスマートフォンの周辺機器のほとんどが、中国製になってしまっている。

前節で述べたように、デジタル関連のサービス収支で、日本は赤字になっている。それは、アメリカIT企業が提供するサービスに依存せざるをえないからだ。ハードウェアの面では、中国に依存しなければ日本はデジタル化を進められない状態になっている。

図表2-11　対中収支の推移

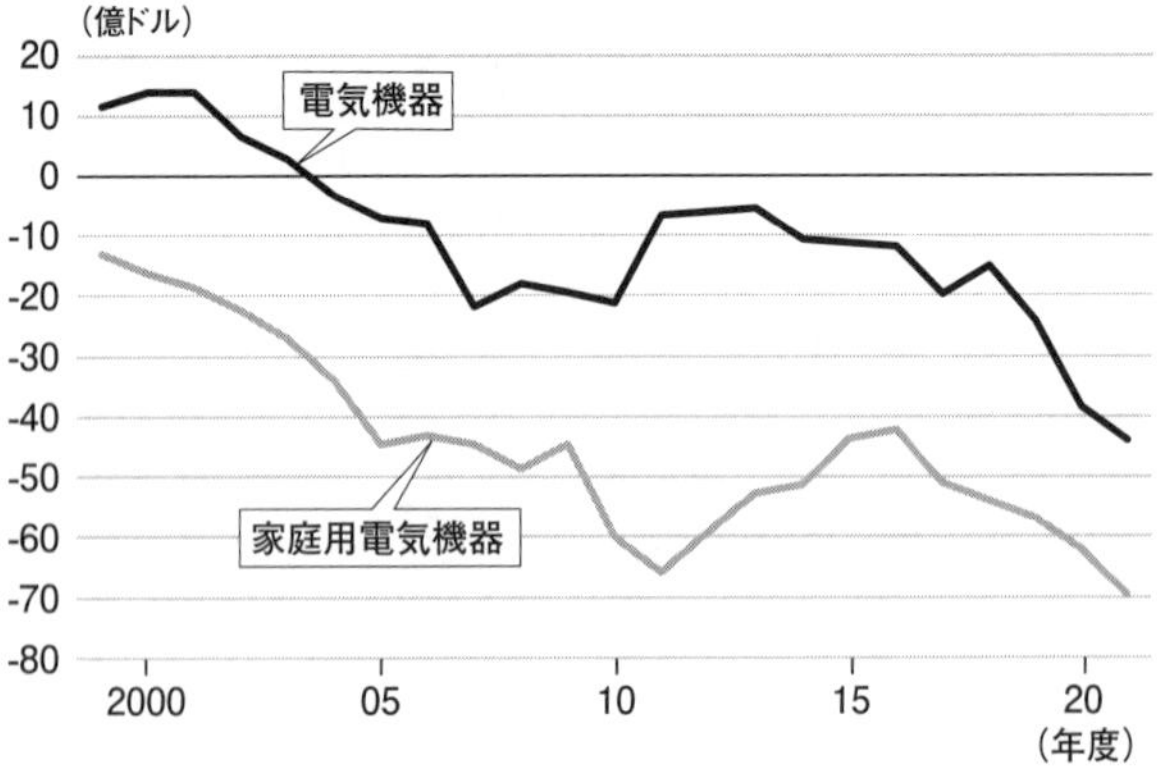

JETROのデータにより著者作成

テレワーク、再生可能エネルギー、5Gで中国に依存する日本

内閣府「マンスリー・トピックス」は、「資本財の輸入増加の背景について」（2022年10月5日）で、「デジタル投資やグリーン投資の重要性が指摘されるが、実際に導入される資本財について輸入依存が高まっている」と指摘している。

テレワーク関連では、中国からの輸入が大半を占めている。ノート型パソコンは、世界の生産台数の約9割が中国で生産されており、その生産の大半を担うのは台湾企業だ。

再生可能エネルギー関連品では、太陽電池モジュールや、直流電気を交流に変換する電力変換装置において、中国からの輸入が増加している。5G通信網の分野における日本企業のシェアは限定的で、基地局では海外から調達した部品への依存度が高い状態が続く。日本は半導体製造装置で国際的競争力を有しているとの見方が多い。しかし、日本企業は市場規模が小さい装置で競争力が高い一方で、欧米企業は市場規模が大きい分野に集中している。例えば、露光装置はＡＳＭＬ（オランダ）が95％を独占している。

中国は、資本財の輸出額を急速に拡大しつつある。したがって、日本の資本財輸入が今後さらに増加する可能性があると、同レポートは指摘している。

日本は消滅する？

日本が自動車で強い状態は続いている。しかし、将来を見れば、安泰ではない。自動車は、将来はＥＶと自動運転になる。そうなったときに、日本の強さが維持できるかどうかは大いに疑問だ。実際、ＥＶでは、中国企業ＢＹＤが日本に進出しようとしている。

いくら金融緩和で低金利にしても、円安を続けても、あるいは政府が補助金を出しても、この状態を解決できるわけではない。

むしろそれらは、企業が何もしなくともぬるま湯的環境で過ごすことを可能にしてきた。

現状を変えるには、企業がぬるま湯から抜け出し、開発に取り組む必要がある。

それができないで現在の状況が続けば、日本は過去に蓄えた対外純資産を食いつぶしていくしか方法はない。これで数十年間は生き延びられるだろう。しかし、蓄えがなくなったら、どうなる？

しばらく前に、アメリカの経営者イーロン・マスク氏が、「出生率が死亡率を上回るような変化がない限り、日本はいずれ消滅するだろう」とツイッター（現、X）に投稿した。

それより先に、日本は、収入がなくなるために消滅しそうだ。

第3章

これから賃金は上がるのか？

1　物価は上がったが、賃金は上がらず

2022年に物価が高騰し、勤労者の生活が貧しくなった

2022年には、急激な円安が進んだ。1月2日の1ドル＝115円から、10月末の151円台まで減価した。

これにより輸入物価が高騰し、消費者物価の上昇率も、2022年9月以降は3％を超えた。

だから、「物価を上げる」としていた日本銀行の目的は、形式的に言えば達成されたことになる。ただし、いうまでもないが、それは日銀の努力によって実現したことではない。輸入物価の高騰は、アメリカの景気回復とロシアのウクライナ侵攻によって生じたものだ。それを円安が加速したのだ。

円安は、日米間の金利差が拡大したことによって始まった。アメリカで、コロナからの脱却に伴って物価が急上昇し、これを抑えるためにFRB（米連邦準備制度理事会）が金融

引き締めに転換して、金利を引き上げ始めたからだ。

いずれも、日銀が想定していたこととは異なる事態だった。

他方で、賃金は上がらなかった。毎月勤労統計調査によると、「現金給与総額」(5人以上の事業所)は、2022年1月の86・3から2023年1月の87・0までしか上昇しなかった。この結果、実質賃金指数は、2022年1月の86・0から2023年1月の82・5へと下落した。つまり、円安が進行した結果、労働者の生活が貧しくなった。それ以降も、実質賃金は低下を続けた(本章の3参照)。

「円安は悪いことだ」との認識が広がった

消費者物価の上昇は輸入物価の上昇によるものであり、これは、原油価格など海外の要因と円安との、両方の原因による。2022年の後半には、円安の影響のほうが大きくなった。つまり、円安は、勤労者の生活にとって望ましくないことであることが、明確にわかった。

物価上昇はいずれ収まるだろう。しかし、物価水準がもとに戻るとは限らない。もとに戻らなければ、預金など名目資産の実質価値は低下する。1000万円の定期預金を持っていた人なら、約40万円の価値が失われた。それだけの税金をかけられたのと同じことだ。

物価高騰で被害を受けたのは、消費者だけではない。零細企業は価格交渉力が弱いため、原価の値上がりを売上に転嫁できない。このため、利益が大幅に落ち込んだ。

他方で、大企業は原価の増加を売上に転嫁している。だから、利益が記録的な水準にまで増加した（詳しくは、本章の2を参照）。

こうしたことを見て、円安に対する日本人の考え方が大きく変化した。これまで、日本では、円安は日本経済に望ましい効果をもたらすと考えていた人が多かった。それは間違いであって、日本を貧しくするものであることが、ようやく理解されるようになった。この転換は、大変重要なことだ。

貿易収支も経常収支も赤字になった

2022年には、貿易収支が悪化し、経常収支も悪化した。

国際収支統計によると、2022年の貿易収支は15兆7436億円の赤字となり、経常収支は11兆5466億円の黒字だった。経常収支は21年には21兆5363億円の黒字だったので、ほぼ半減したことになる。

貿易収支が赤字になったのは、エネルギー関連の輸入額が増加したためであり、これは、原油などの価格が高騰したことが原因だ。ただし、円安が輸入物価の上昇に拍車をかけたことは間違いない。

また、重要なのは、円安にもかかわらず、2022年のドル建ての輸出は、対前年比で0・9％減となったことだ（JETROの資料による）。ドル建ての輸出額の変化は、輸出量の変化を表していると考えることができる。だから、円安になったにもかかわらず、輸出量が減少したのである。

円安になれば、輸出量が増えると考えている人が、日本では多い。これまでも、円安になれば輸出量は減る傾向があったのだが、今回は、経常収支赤字化を伴っているので、円安の負の効果が、誰の目にも明らかになった。この点でも、円安に対する人々の考えは、従来からは大きく変わった。

日銀が金利抑制を続けたから円安が進んだ

すでに述べたように、円安の基本的な原因は、日米金利差の拡大だ。FRBが急速に利上げを行なう反面で、日本銀行がイールドカーブコントロールと称して長期金利を抑え込んだからだ。

このため、「円キャリー取引」（円で資金調達してドルで運用する取引）が行なわれる。これは、円を売ってドルを買う取引であるために、円安が進行するのだ。

「円キャリー取引」は、本来はきわめてリスクの高い取引である。将来円高になって為替差損が発生し、金利差による収入を上回ってしまう危険があるからだ。しかし、日銀が金利を抑えているかぎり、円高にならないと期待することができる。つまり、日銀は、円安を進める投機行為を奨励したわけだ。

日銀はなぜ金融緩和をやめないのか？

「円安が望ましくない」という認識が広まれば、金融政策を転換すべきだとの考えが出てくるのが当然だ。

しかし、日銀は、従来からの政策を継続した。アメリカの金利引き上げに対処して世界の中央銀行が競って金利を引き上げたなかで、日本銀行は金利の抑圧を続けた。

それを変更すべきだとの政治的な動きも生じなかった。誠に不思議なことだ。

ただし、日銀のもともとの目的は金利引き下げによる円安であったのだと考えれば、それを続けるのは当然ということになる。

しかも、すでに述べたように、円安によって利益をあげている企業がある。実際、上場企業は、円安によって空前の利益をあげた。

ただし、好決算だったのは上場大企業だったことに注意が必要だ。零細企業は原価高騰を転嫁できず、営業利益がマイナスになった企業が多い。大企業と零細企業の差は、これまでもあったのだが、今回には、それがさらに明確な形で生じた。

円安の進行は2022年10月以降には収まったが、これは日本の政策変更によるものではない。FRBの金利引き上げのスピードが鈍るだろうとの予測に基づくものだ。

2　企業は原価高騰を製品価格に転嫁

付加価値の動向が賃金を決める

第2章で、これまでの日本の賃金の推移を見た。以下では、今後、将来に向けて、日本の賃金を引き上げられるか否かを検討する。

2023年の春闘では、大企業で満額回答が相次ぐなど、順調な賃上げが続いた。しかし、これが中小企業に波及するのは難しい。また、23年の春闘で賃上げが実現しても、それが24年以降も持続することは難しい。つまり、恒常的な賃上げには結びつかないだろう。

なぜこのように考えられるかを、2022年の法人企業統計の分析によって示そう。

第2章の3で述べたように、企業は付加価値を生産し、これが賃金や利子などの支払いや利益などになる。そして、長期的に見ると、付加価値に占める賃金の比率（労働分配率）は、ほぼ一定だ。したがって、賃金の動向を決めるのは、付加価値だ。

ただし、法人企業統計の四半期データには、付加価値の値は示されていないので、この

図表3-1　2022年における賃金などの対前年増加率（%）

企業規模（資本金）	粗利益	給与賞与総額	賃金
全規模	4.95	3.13	2.56
10億円以上	4.99	1.21	2.92
1億円以上 10億円未満	8.82	4.75	1.29
5千万円以上 1億円未満	9.54	6.63	1.38
2千万円以上 5千万円未満	4.59	4.47	5.30
1千万円以上 2千万円未満	-1.45	0.53	2.67

法人企業統計調査より著者作成

代わりに、「粗利益」（売上高－売上原価）を見ることとする。付加価値と粗利益は厳密には同一のものではないが、ほぼ同じと考えてよい。

粗利益は増加したが、賃金は上がらなかった

図表3－1に、2021年から2022年への増加率をいくつかの指標について示す。

法人企業全体（金融機関を除く）について見ると、2022年の粗利益は、前年より4・95％増えた。ところが、給与・賞与総額は3・13％しか増えなかった。賃金（従業員一人当たりの給与・賞与）の伸びは2・56％でしかなかった。

したがって、企業には賃上げを行なう余力があったと考えられる。仮に粗利益に対する給与・賞与総額の比率を従来の値に保つとすれば、給与・賞与総額の伸び率が

5％近くになっても不思議はない。2023年の春闘での賃上げが高かったのは、こうした事情によるものだ。

原価の上昇を転嫁したため、粗利益が増えた

企業の粗利益はなぜ増えたのか？　それは、輸入物価の高騰による原材料価格の高騰を、売上に転嫁したからだ。2021年から22年にかけて、売上原価が81・6兆円増加したのに対して、売上高が97・5兆円増加した。

このようなメカニズムによる粗利益の増加は、2022年に特有の現象だと考えられる。2023年以降においても22年と同じような物価上昇が生じるとは考えにくい。したがって、2022年と同じメカニズムによる粗利益の増加が生じるとは考えられない。

実際、円ベースの輸入物価の対前年上昇率は22年の9月にピークとなり、その後は低下している（輸入物価の上昇率は9月には48・5％となったが、12月には前年同月比22・8％となった）。

そして、企業の粗利益の対前年増加率も下がってきている。2022年1－3月期に5・8％であったものが、4－6月期に5・7％、7－9月期に5・2％、10－12月期に

3・1%になった。

したがって、春闘での賃上げが高くても、それは、2023年に限ったものであり、今後継続的に賃金が上昇していくことにはならないだろう。

零細企業では、粗利益が減っている

以上で見たのは、法人企業全体だ。ところが、企業規模別に見ると、大きな違いがある。大企業（資本金10億円以上の企業）では、売上高の増加額が原価の増加額を大きく上回っている。ところが、資本金がそれ未満の企業についてみると、両者はほぼ同じであり、零細企業（資本金2000万円以下の企業）の場合には、原価の増加額の方が大きくなっている。このために、粗利益が減少しているのだ。

なお、2022年において、大企業より中小企業の賃上げ率が高かったことは、東京商工リサーチの2022年度「賃上げに関するアンケート」調査でも確かめられる。

賃上げ率は、「3%未満」が73・1%（大企業76・8%、中小企業72・7%）に対し、「5%以上10%未満」は6・2%（大企業5・2%、中小企業6・3%）となっており、中小企業の上昇率が高かった。

実質賃金は上昇しない

以上をまとめると次のようになる。

中企業以上の企業では、粗利益が増加したにもかかわらず、賃上げを行なってこなかった。それが2023年春闘において、賃上げとして実現した。

他方で、小企業・零細企業では、粗利益が増大していないから、これ以上賃上げを行なうことができない。したがって、春闘で3％を超える賃上げが実現しても、経済全体の賃上げ率はそれより低くなる。

一方、物価上昇率は、2022年9月以降3％を超えている。したがって、実質賃金は低下する。しかも、4・2％という値は、政府の物価対策によってガソリン価格などを引き下げた結果だ。実際の物価上昇率はもっと高い値になっている。

実質賃金が上昇しない問題は、依然として、日本経済の最大の問題だ。

3 「未曽有の春闘賃上げ」ではなく、「未曽有の実質賃金下落」

春闘賃上げ率は未曽有の高さか?

春闘の第4回回答集計結果によると、2023年の春闘賃上げ率は、3・69%となった(最終集計では、3・58%)。これまでの伸び率に比べると、格段に高い(図表3－2)。

そこで、「1993年以来の高い伸び率」と強調する報道がなされた。また、「このように高率の賃上げが実現したのは、人手不足が深刻化しているからだ」といった解説も見受けられた。こうした報道に接していると、今年の春闘で未曽有の賃上げが行なわれたかのような錯覚に陥る。

しかし、実際に起きたのは、「未曽有の賃上げ」とは正反対のことだ。

春闘賃上げ率が高くなったのは、前節で述べたように、物価が高騰して、企業の粗利益(付加価値)が増加したからだ。しかし、賃金は物価上昇率ほど上昇していないので、実質賃金指数は、未曽有の低水準に落ち込んだ。そして、賃金分配率は低下している。以下では、この状況を詳しく見よう。

「実質春闘賃上げ率」は、これまで並みか、それ以下

春闘賃上げ率から消費者物価指数を引いたものを「実質春闘賃上げ率」と呼ぶことにしよう。

これまでの実質春闘賃上げ率は、図表3－2に見るように、1％台の後半から2％台の前半の値だった。

例外は、消費税増税のあった2014年で、この年には実質春闘賃上げ率はマイナスになった。2022年もマイナスだ。

では、2023年はどうなるか？　消費者物価指数（生鮮食料品を除く総合）の前年同月比は、2022年4月から2％を超えている。8月以降は3％を超え、12月は4％だ。今後低下していくことが期待されるが、3％台の値が続く可能性もある。

円ベースの輸入物価指数は、10月まで40％台、11月に急速に低下し20％台。3月に9％台になった。

日本の消費者物価指数は、数ヶ月のラグで輸入物価の変動をフォローする。したがって、

図表3-2 春闘賃上げ率などの推移（%）

	a 春闘 賃上げ率	b 一般労働者 賃上げ率	c 物価 上昇率	a-c 実質春闘 賃上げ率
2013年	1.80	0.6	0.4	1.40
2014年	2.19	1.0	2.6	−0.41
2015年	2.38	0.5	0.5	1.88
2016年	2.14	1.0	−0.3	2.44
2017年	2.11	0.5	0.5	1.61
2018年	2.26	1.6	0.9	1.36
2019年	2.18	0.3	0.6	1.58
2020年	2.00	−1.7	−0.2	2.20
2021年	1.86	0.5	−0.2	2.06
2022年	2.20	2.3	2.3	−0.10
2023年	3.69		(1.80)	(1.90)

毎月勤労統計調査など、厚生労働省の資料により著者作成
一般労働者の賃金は、現金給与総額、5人以上の事業所
2023年の物価上昇率は、日銀の見通し

消費者物価は今後上昇率が鈍化すると予測される。

なお、日本銀行は、2023年4月28日の金融政策決定会合後に公表した「経済・物価情勢の展望（展望リポート）」で、2023年度の物価上昇率見通しを1・8％にした。すると、2023年の実質春闘賃上げ率は、3.7−1.8＝1.9（%）となる（ここでは、年と年度を厳密に区別していない）。

この値は、2021年までの値とあまり変わらない。むしろ、若干低めだ。

仮に連合が主張していたように

春闘で5%台の賃上げ率が実現していたとしたら、実質春闘賃上げ率は5−1.8＝3.2（%）ということになり、2016年の2・44%をも上回る値になったろう。しかし、春闘賃上げ率が3・7%では、物価上昇率が1%程度にまで下がらないと、そうはならない。

経済全体では、実質賃金が未曽有の低水準に

以上では、春闘賃上げ率について見た。

春闘の対象となっているのは主として大企業の従業員なので、経済全体の賃上げ率は、春闘賃上げ率より低くなる。これまでのデータを見ると、図表3−2に示す通りだ。

b欄で示される経済全体の賃上げ率は、a欄で示される春闘賃上げ率に比べると、かなり低い。2014年以降「官製春闘」と言われたように政府が春闘に介入したのだが、それは、経済全体の賃金にまで影響を与えることはできなかったのだ。

ただし、2022年は例外で、b欄の数字のほうがa欄の数字より大きくなっている。これは、本章の2で指摘したように、2022年においては、大企業より中小企業の賃上げ率のほうが高かったためだ。

経済全体の実質賃金を見ると、物価高騰によって、2022年から実質賃金の下落が顕

図表3-3　1月の実質賃金指数（2020年＝100）

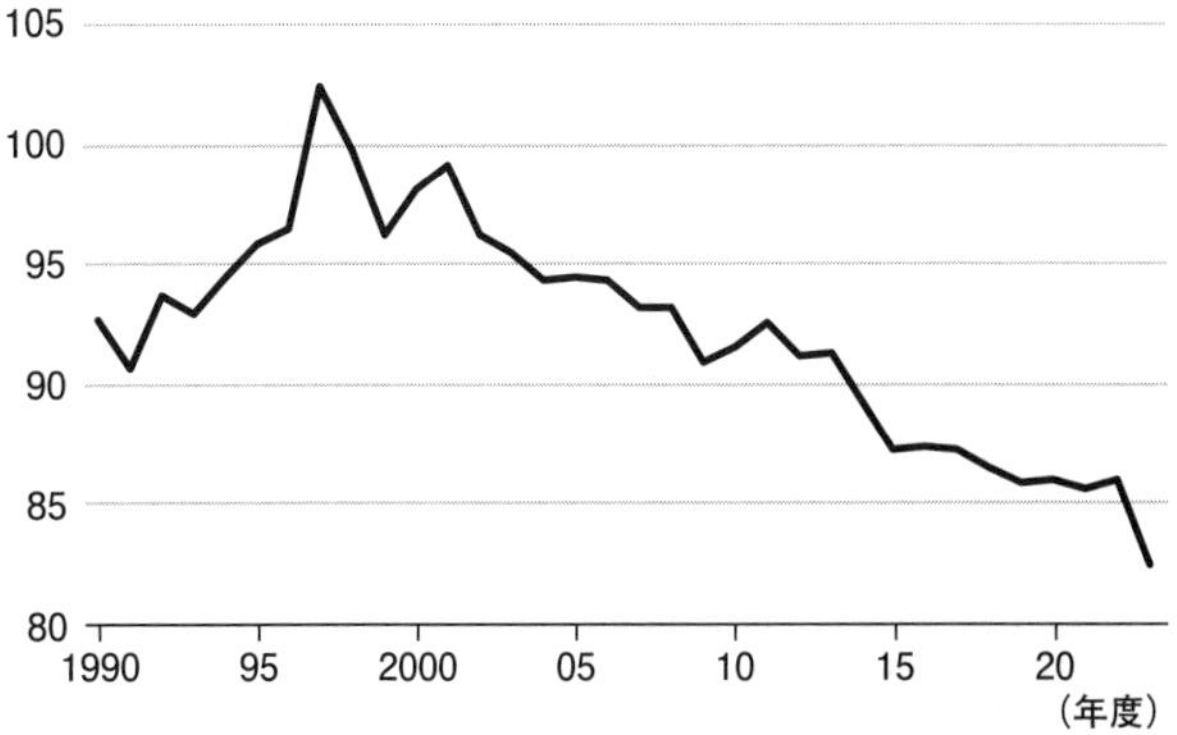

毎月勤労統計調査により著者作成

著になっている。

毎月勤労統計調査によると、実質賃金指数（現金給与総額、5人以上の事業所）の対前年同月比は、2022年4月から連続してマイナスが続いており、2023年1月には△4・1%、2月には△2・9%となった（その後、5月までもマイナスが続いている）。

その結果、図表3－3に示すように、実質賃金指数は、未曽有の低水準に落ちこんでいる（ここに示すのは、各年1月の値。2020年を100とする指数で表しているが、例年1月の値は年平均値より低くなるので、図表3－3の2020年の数字も100より低くなっている）。

これをアベノミクスが始まる前の水準にま

で取り戻すだけでも大変なことだ。ましてや、今後継続的な上昇過程に入ることなど、とても期待できない。

2022年においては、価格転嫁によって企業の付加価値が大幅に増加したのである。しかし、こうしたことが再び起こるとは考えにくい。そうだとすれば、賃金引き上げの基本条件は満たされないことになる。

賃金分配率が低下

企業の粗利益が2022年に増えたのは、前述したように、輸入物価の高騰による原材料価格の高騰を、販売価格に転嫁したからだ。売上額の増加は原価増より大きかったため、粗利益（売上−原価）が増えた。

本章の2で述べたように、2022年の粗利益は、前年より4・95%も増えた。だから、分配率を変えなければ、賃金を5%近く上昇させることが可能だったのだ。

ところが実際には、給与・賞与総額は3・13%しか増えなかった。賃金（従業員一人当たりの給与・賞与）の伸びは2・56%でしかなかった。このデータで見る限り、賃金分配率は下がったことになる。

2022年の分配率の正確なデータ（国民経済計算、制度部門別所得支出勘定）は本稿執筆時点ではまだ得られないのだが、賃金の分配率がかなり低下したことは間違いないと考えられる。

以上のように、2022年の物価高騰によって、労働者は「損をした」ことになる。賃金上昇率が物価上昇率に追いつかなかったので、実質賃金が下落した。そして、分配率も低下したのだ。

「未曽有の春闘賃上げ率」と喜んでいてよい状態ではない。労働者は経済政策の変更を求めなければならないのである。

4　これからも賃金は上がらない

生産性が上昇しないから賃金が上がらない

日本で賃金が上がらない基本的な理由は、生産性が上昇しないことだ。以下では、長期的な観点から、日本経済の生産性がどう変化するかを見よう。

ここで、「生産性」とは、就業者一人当たりの付加価値を指す。付加価値とは、売上高から原価を差し引いたもの（粗利益）にほぼ等しい。

付加価値は、賃金を支払う原資になる。そして、付加価値の中での賃金の比率（賃金分配率）は、生産の技術的関係によってほぼ決まるので、ほぼ一定だ。

したがって、就業者一人当たり付加価値（生産性）が、賃金の動向を決めることになる。

なお、すべての部門の付加価値を合計したものが、国内総生産（ＧＤＰ）になる。

以下の分析に用いるデータは、「２０２１年度国民経済計算」の経済活動別国内総生産と就業人口数（暦年計数を用いる）。なお、国民経済計算で「保健衛生・社会事業」と呼ん

図表3-4 産業別の生産性と就業者数(2021年の値と伸び率)

	2021年の値		1994年から2021年の年平均成長率	
	就業者数(万人)	生産性(10万円)	就業者数(%)	生産性(%)
製造業	1044.1	107.8	−1.109	0.883
卸売り小売り業	1041.6	71.9	−0.403	0.702
建設業	464.1	65.0	−1.454	0.387
専門科学技術	766.6	62.8	1.960	0.780
医療・介護	902.5	50.7	3.560	−0.524

2021年度国民経済計算のデータを用いて著者作成

でいる部門を、ここでは、もっと分かりやすく、「医療・介護」と呼ぶ。この分野は、労働力統計の「医療・福祉」とほぼ同じだ。

経済全体の生産性が上昇しない理由

図表3－4に示すように、生産性は、産業によってかなりの差がある。

製造業の生産性が高い。しかし、この分野の就業者数は減少している。

専門科学技術は、その名称からすると生産性が高いように思われるのだが、実際には、残念ながら高いとはいえない。

この表には載せていないが生産性が高い業種として、金融業と情報通信業がある。ただし、これらの分野の就業者数は少なく、また、その伸び率も低い。

医療・介護分野は、就業者数の伸び率は高いのだが、生産性が低い。そして、生産性の成長率がマイナスになっている。経済全体の生産性が伸びない大きな理由は、生産性の低い産業の就業者が増加している反面で、生産性の高い産業の就業者が減少していることだ。

医療・介護が最大の産業になる

以上のデータを用いて、将来を予測してみよう。

その方法は、つぎの通りだ。まず、産業ごとに、就業者数と生産性について、過去の伸び率が将来も続くと仮定して、2022年以降の値を推計する。

そして、就業者数と生産性の積として、各部門のGDPを計算する。就業者数と生産性の伸びは別の要因で決まると考えられるので、このように別々に推計する方が、各部門のGDPを単純に外挿することに比べて、より正確な予測ができるはずだ。

就業者の伸びは、需要側の条件を反映していると解釈できる。需要が増えれば、それに応じて供給を増やすため、企業は就業者を増やすからだ。それに対して、生産性の伸びは、供給側の条件を反映していると考えられる。企業が新しい技術を活用すれば、効率的に供給できるからだ。

図表3-5　就業者数の推移と予測

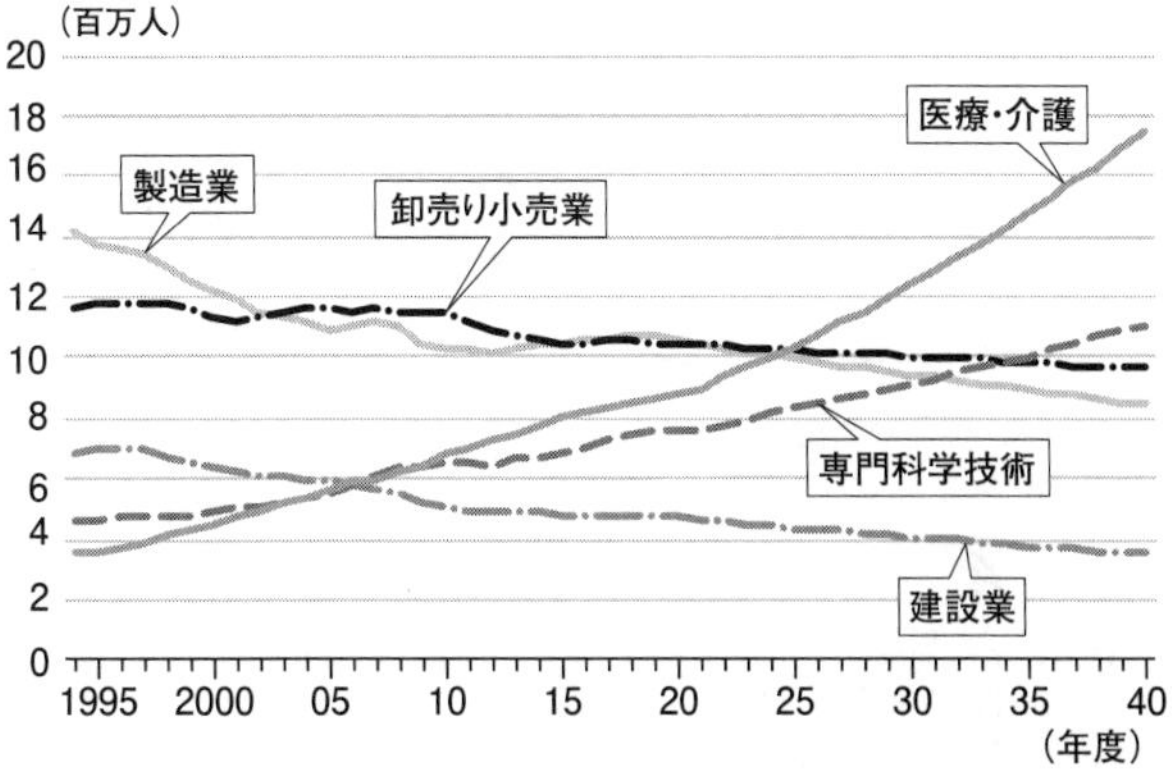

2021年度国民経済計算のデータを用いて著者作成

２０４０年の日本の産業構成は、図表３－５、３－６に示す通りになる。医療・介護分野の就業者数は、２０４０年において１７５１万人になる。製造業の２倍を超え、医療・介護は日本最大の産業になる。

現在の我々の感覚からすると、これは、異様としか言いようのない産業構造だ。しかし、過去の就業者増加の趨勢が将来も続くと仮定すれば、このようなことになるのだ。すでに述べたように、就業者数の伸びは、医療・介護に対する需要増加の反映であることを考えれば、この仮定は自然なものであり、少なくとも第一次近似としては受け入れざるをえないと思われる。

なお、「２０４０年を見据えた社会保障の

図表3-6　産業別GDPの推移と予測

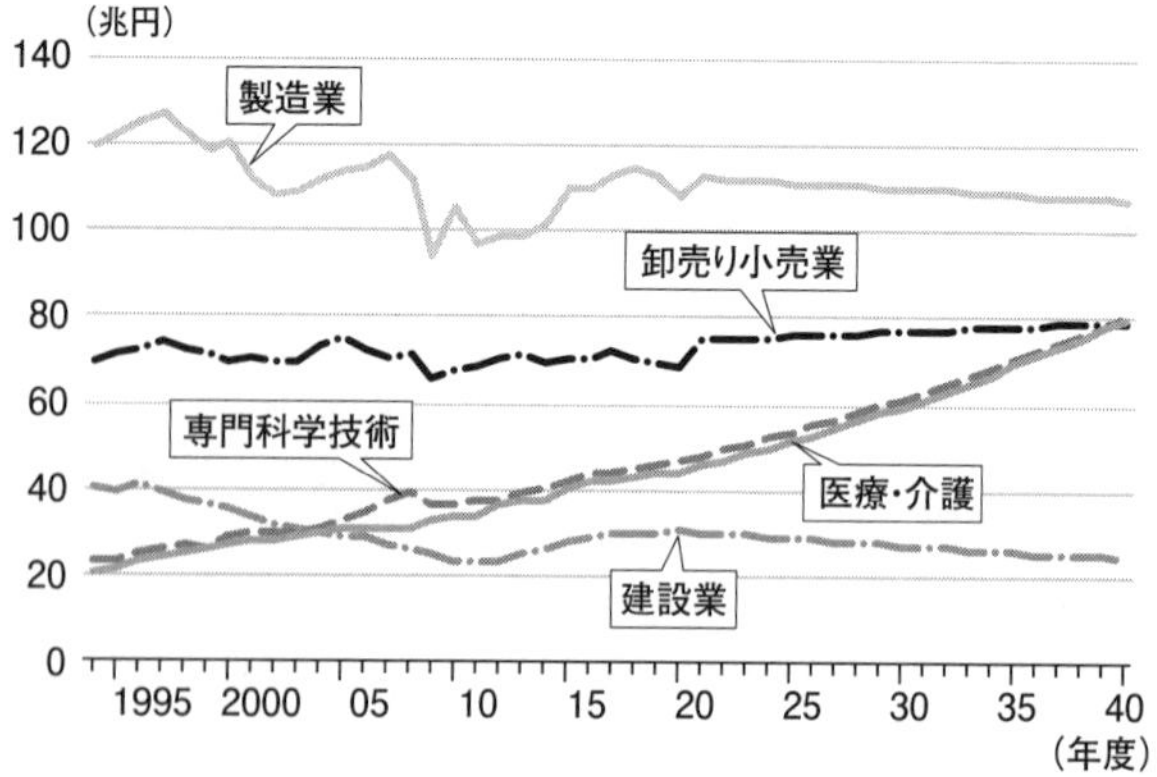

2021年度国民経済計算のデータを用いて著者作成

将来見通し（内閣官房・内閣府・財務省・厚生労働省、2018年5月」）によると、2040年において、医療、福祉分野の就業者数は1065万人だ（この分析における「医療、福祉」も、労働力統計における「医療、福祉」と同じだ）。

厚生労働省の推計は、過去の伸び率に比べて、伸び率が低下すると考えていることになる。果たしてそうなるだろうか？

生産性は、現在よりも低下する

図表3－5、3－6に示している産業計について見ると、2020年から2040年の期間において、付加価値の年平均伸び率は、0・7％となる。しかし、従業員数が年平均

0・6％で増加するので、生産性（就業者一人当たりの付加価値）の年平均成長率は、0・1％にしかならない。つまり、年率1％の賃上げも期待できない。このように、過去の期間に比べて、賃金の伸び率は低下することになる。

こうなる大きな原因は、製造業就業人口が減少する反面で、医療・介護の人口が増えるからだ。専門科学技術の従業員数は増えるのだが、生産性の水準があまり高くない。

なお、図には示していないが、生産性が高い分野として、情報通信がある。しかし、すでに述べたように、この部門の就業者数は少ないので、経済全体の生産性に対してあまり大きな影響を与えることができない。金融も生産性が高い。しかし、就業者数は減少しており、生産性の伸び率もマイナスになっている。

デジタル化で生産性を高め、産業間移動を促進する必要

医療・介護分野での需要は今後も増大することから、この分野での就業人口が増えることは避けられない。その生産性を上昇させることが重要だ。そのため、リモート医療を積極的に導入する必要がある。

その他の産業についても、デジタル化を進めることによって、現在は生産性が低い産業

の生産性を高めることが必要だ。

経済全体の生産性を高めるためのもう一つの重要な施策は、生産性の低い産業から高い産業への就業者の移動を図ることだ。生産性が高い分野としては、高度専門分野や情報通信分野が考えられるが、それだけではない。

ここの図表には示していないが、宿泊飲食業の生産性はきわめて低い。ここから他産業への就業者が移動すれば、日本経済の生産性は上がる。この分野では、コロナ禍で大量の休業者が発生した。しかし、雇用調整助成金で3年間にわたって給付を続け、労働の移動を妨げた。雇用調整助成金に関しては、不正請求が問題とされている。確かにそれは問題なのだが、もっと大きな問題は、経済の生産性向上を阻害したことだ。

5　日本は、もはやアジアで最も豊かな国ではない

一人当たりGDPで韓国や台湾とほぼ同水準

２０２２年は、日本が貧しくなったことが痛感される年になった。急激に円安が進んだため、様々な指標で日本の国際的地位が下がったからだ。

10月に公表されたＩＭＦ（国際通貨基金）のデータによると、日本、韓国、台湾の一人当たりＧＤＰの推移は、図表３-７の通りだ。

２０２２年には、台湾が４万４８２１ドル（世界第24位）となり、日本の４万２３４７ドル（27位）を超えた。ただし、２０２３年に公表されたＩＭＦのデータでは、台湾は、日本をわずかに下回った。

10年前の２０１２年をみると、日本の一人当たりＧＤＰは、韓国の１・９倍、台湾の２・３倍だった。

２０１３年に異次元金融緩和が導入されて円安が進み、日本の地位は顕著に低下した。

図表3-7 日本、韓国、台湾の一人当たりGDPの推移

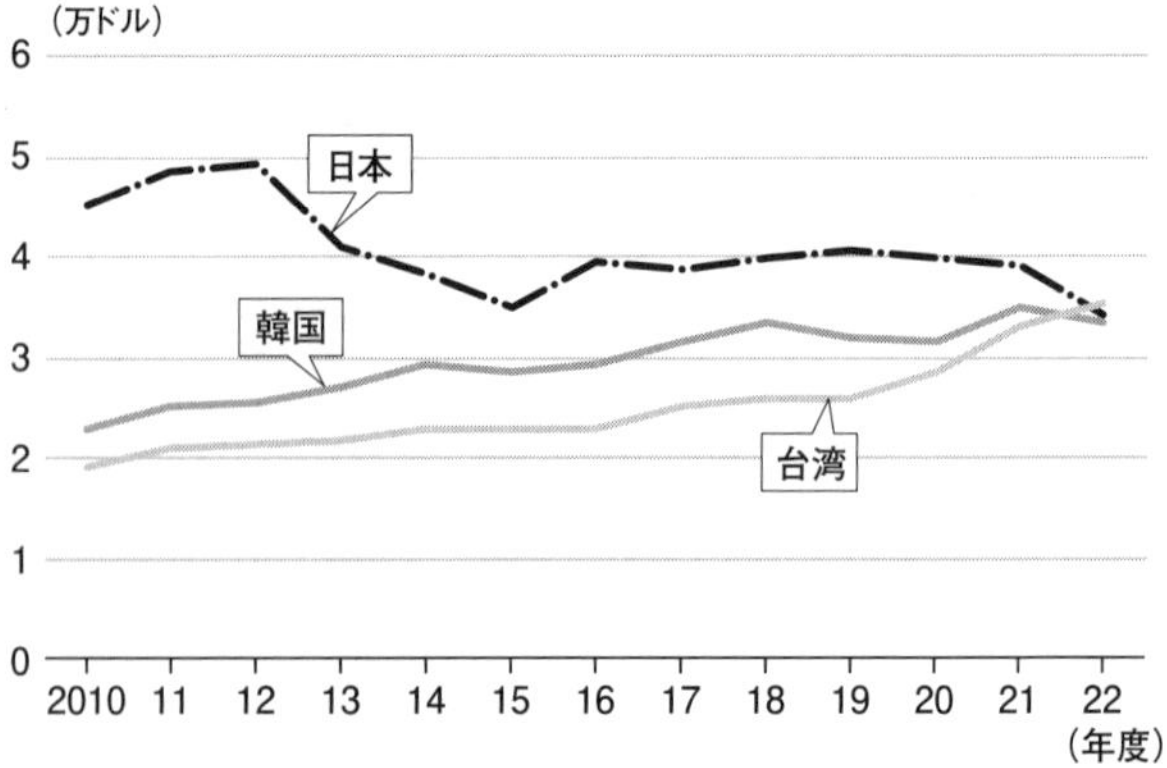

IMFのデータベースにより著者作成

それが２０１９年まで続いたのだが、２０２０、21年に、韓国、台湾が日本に急迫したのだ。

ＩＭＦの予測によると、日本、韓国、台湾の相対的な関係は、今後も暫くはいまのままで続く。しかし、韓国の成長率が日本より大幅に高いので、近い将来に韓国も日本を抜く可能性が高い。

これまでも、シンガポールと香港の一人当たりＧＤＰは、日本よりかなり高かった（２０２２年で、シンガポールは世界第5位、９万９９３５ドル、香港は第16位、６万２０１５ドル）。ただし、人口は数百万人だ（シンガポールは５６９万人、香港は７４８万人）。つまり、都市国家であって、日本とは簡単に比較できない面がある。

それに対して、台湾は人口が日本より少ないとはいえ、数千万人のオーダーだ（2357万人）。この規模の人口のアジアの国・地域の一人当たりGDPが日本とほぼ同じになるのは、初めてのことだ。

韓国、台湾の成長率は日本よりかなり高いので、韓国、台湾が日本を抜くだけでなく、将来は差が拡大していく可能性が強い。

賃金で日本が韓国に抜かれたかどうかは、議論の余地がある

「賃金では、数年前から、日本は韓国に抜かれていた」との指摘があるかもしれない。確かに、OECDのデータによると、年間平均賃金では、すでに2015年に、日本は韓国に抜かれている。そして、2021年には、日本が3万9711ドルに対して、韓国が4万2747ドルになっている。

ただし、このデータを見るには注意が必要だ。

ここでは、市場為替レートでドルに換算しているのではなく、購買力平価で換算している。これは、世界的な一物一価が成立する為替レートだ。2021年には、1ドル＝10

0・412円と、1ドル＝847・457ウォンだ。他方、市場レートは1ドル＝109・754円と、1ドル＝1143・958ウォンだ。

したがって、市場レートで見れば、日本は上記の値を0・915倍して3万6335ドルであり、韓国は0・741倍して3万1675ドルだ。だから、まだ日本の方が高い。

国際的地位の低下は、低い成長率と円安による

日本の一人当たりGDPが台湾や韓国に追いつかれたのは、2つの理由による。

第1は、円安だ。2013年から14年、そして2022年に日本の相対的地位が急速に低下したのは、円安によるものだ。

第2の原因は、自国通貨建てでみた一人当たりGDPで、日本の成長率が低かったことだ。

2010年から22年までの期間の成長率を見ると、次の通りであり、大きな差がある。日本1・11倍。韓国1・60倍。台湾1・71倍。

日本の成長率が低くなる大きな原因は、人口高齢化が進んで労働人口の増加率がマイナスになっていることだ。ただし、ここで見ているのは一人当たり計数なので、これによる

影響はかなり緩和されている。

もう一つ注意すべきは、韓国においても、出生率低下によって、労働力が減少していることだ。それにもかかわらず、韓国の成長率が高いのは、技術進歩率が高く、産業構造が高度化しているからだ。

なお、以上で見た状況は、日本と韓国、台湾との間だけのことではない。日本と世界の多くの先進国の国との間で同様のことが言える。いまの状態が続けば、日本は、先進国の地位を失う可能性が強い。

アベノミクスで、日本は世界13位から27位に転落

IMFは、世界の40の国・地域を「先進国」としている。

アベノミクス・異次元金融緩和が始まる前の2012年には、日本は先進国の中で第13位だった。いまは第27位だから、この10年間に大きく順位を落としたことになる。いま日本は、先進国のグループから転落しかねない状態に陥っている。

アベノミクス・異次元金融緩和が何をもたらしたかを、これほどはっきりと示しているものはない。

図表3-8 G7諸国の一人当たりGDP世界順位

2012年		2022年	
カナダ	9位	アメリカ	8位
アメリカ	10位	カナダ	13位
日本	13位	イギリス	15位
ドイツ	20位	ドイツ	19位
イギリス	21位	フランス	23位
フランス	22位	日本	27位
イタリア	25位	イタリア	32位

IMFの資料により著者作成

2012年で日本より上位にあったのは、ヨーロッパの小国あるいは、北欧諸国が中心だった。

G7諸国中で見ると、カナダ、アメリカ、日本の順だった。つまり、日本はG7の中で、上位グループにいた。一人当たりGDPで、アメリカと日本は、ほとんど差がなかった（アメリカ5万1736ドルに対して、日本4万9175ドル）。

しかし、この10年間に、日本は、一人当たりGDPで英独仏に抜かれた。つい最近まで、イタリアが日本より下位にあった。しかし、2023年には、イタリアも日本を抜いた。つまり、いまや日本は、G7の最下位だ。

そして、アメリカの一人当たりGDP（第8位8万9546ドル）は、日本の2・1倍になった。

これほど大きな変化が、この10年の間に起きたのだ。

6　適正な為替レートに比べて大きく円安

実質為替レートの考え

現実の為替レートが適正な水準か否かを判断するための方法として、「購買力平価」という考え方がある。これには、2つの種類のものがある。

第1は、ある時点での為替レートが適切であったと仮定し、それ以外の時点での為替レートを評価するものだ。

例えば、ある時点で1ドルが100円であり、それが何らかの理由で「適正」な為替レートであると判断されたとしよう。次の年に、日本では物価や賃金が上昇せず、一方アメリカではこれらが10％上昇したとする。この状況で、為替レートが1ドル100円のままだと、日本人は1年前と同じものをアメリカで買うことができない。それが可能になるためには、円が10％増価して1ドル90円程度になる必要がある。これが購買力平価だ。

現実の為替レートは1ドル120円であるとすれば、90÷120＝0.75、つまり75％だけ円安になっていることになる。これを「実質為替レート」と呼ぶ。そして、ドルだけでなく、さまざまな通貨との実質為替レートの加重平均を「実質実効為替レート」と呼ぶ。

このような購買力平価を、BIS（世界決済銀行）が計算している。2010年を基準とした円の実質実効為替レートは、2022年9月時点で57・95となっており、これは購買力が2010年の57・95%にまで低下していることを示している。

世界的な「一物一価」を実現する為替レート

購買力平価のもう一つのものは、ある時点における世界的な「一物一価」が成立するような為替レートだ。この視点から、各国の通貨の価値を比較することが可能となる。

このような購買力平価をOECDやIMFが計算している。OECDの計算結果によれば、2021年における円の購買力平価は、1ドル＝100・4円だ。

また、前述した「ビッグマック指数」も同様の考えに基づく実質レートである。これは、ビッグマックという単一の商品を取り出し、世界的な一物一価が成立するためには為替レートの水準が何であるかを計算し、実際の為替レートとの比率を求めるものだ。

2022年7月の結果を見ると、日本のあるべき為替レート（すなわち、日本のビッグマックの価格をドル換算してアメリカのビッグマックと同じ価格になる為替レート）は、1ドル＝75・7円であった。他方、実際のレートは1ドル＝137・9円であった。したがって、本来あるべき値に比べて、45・1％（=1-75.7/137.9）だけ過小評価されていることになる。これが日本の「ビッグマック指数」だ。

金融緩和が資源分配を歪めた

このように、あるべき為替レートの評価方法はいくつも存在する。しかし、どの方法を用いても、現在の現実の為替レートが本来あるべき値より大幅に円安になっているという結論は共通している。為替レートを適正な水準に保つことは、経済の健全な運営のために極めて重要なことだ。

ＯＥＣＤの購買力平価と現実の為替レートを長期的に見ると、両者はほぼ同一のトレンドで変動してきた。しかし、ここ数年の為替レートは、本来あるべきレートから大きく円安に傾いている。この状況は、金融政策が為替レートという重要な価格を歪め、適切な資源配分のシグナルを乱していることを示している。

行き過ぎた金融緩和政策の結果、日本の資源分配は大きく歪み、これが技術革新の停滞という深刻な結果を生んでいる。では、この状況は元に戻すことができないのだろうか？

その答えは、今後の日本の経済政策による。

何も改革しなければ、円安はさらに進み、現状は一層悪化する可能性が強い。しかし、金融緩和政策を変更し、金利の上昇を容認すれば、円安が止まり、円高に向かう可能性も出てくる。その結果、適切な資源配分を実現するための価格シグナルが再び機能し、日本の資源分配の歪みが修正されることとなる。

その過程で技術革新も再び進行し、経済全体の生産性向上に寄与する可能性がある。こうした変化は、日本の将来を大きく左右する。そして、その鍵を握るのは日本銀行の新体制だ。

このように、金融政策の適切な運営は極めて重要である。為替レートという重要な価格を適切な水準にすることによって、経済全体の健全な運営と資源の適切な配分を実現することが可能となる。今後の日本の金融政策の運営は、こうした事柄を念頭に置いてなされるべきだ。

7　円安が続くので、実質賃金は低下したままになる

日本円の購買力は戻らない

日本円は、2022年の春から秋にかけて、著しく減価した。10月末の1ドル＝151円台がピークで、その後は元に戻る動きが生じていた（図表3－9）。

しかし、この状況は2023年1月で終わりになり、その後、再び円安に向かっての動きが生じていた。そして、5月25日には、半年ぶりに、1ドル＝140円台の前半となった。さらに、6月30日には約7カ月ぶりに145円台まで下落し、22年に介入を始めた時点と同じ水準になってしまった。

主要な通貨の中で円の価値減少が顕著だ。2022年の円安はドル高によってもたらされた面が強いが、2023年には、円の独歩安となっている。

これは、日銀新体制が金融緩和の継続を明言したためだ。つまり円安を抑制するために長期金利を引き上げるという処置を、直ちには実行しないというメッセージを市場に送っ

図表3-9 円ドルレートの推移

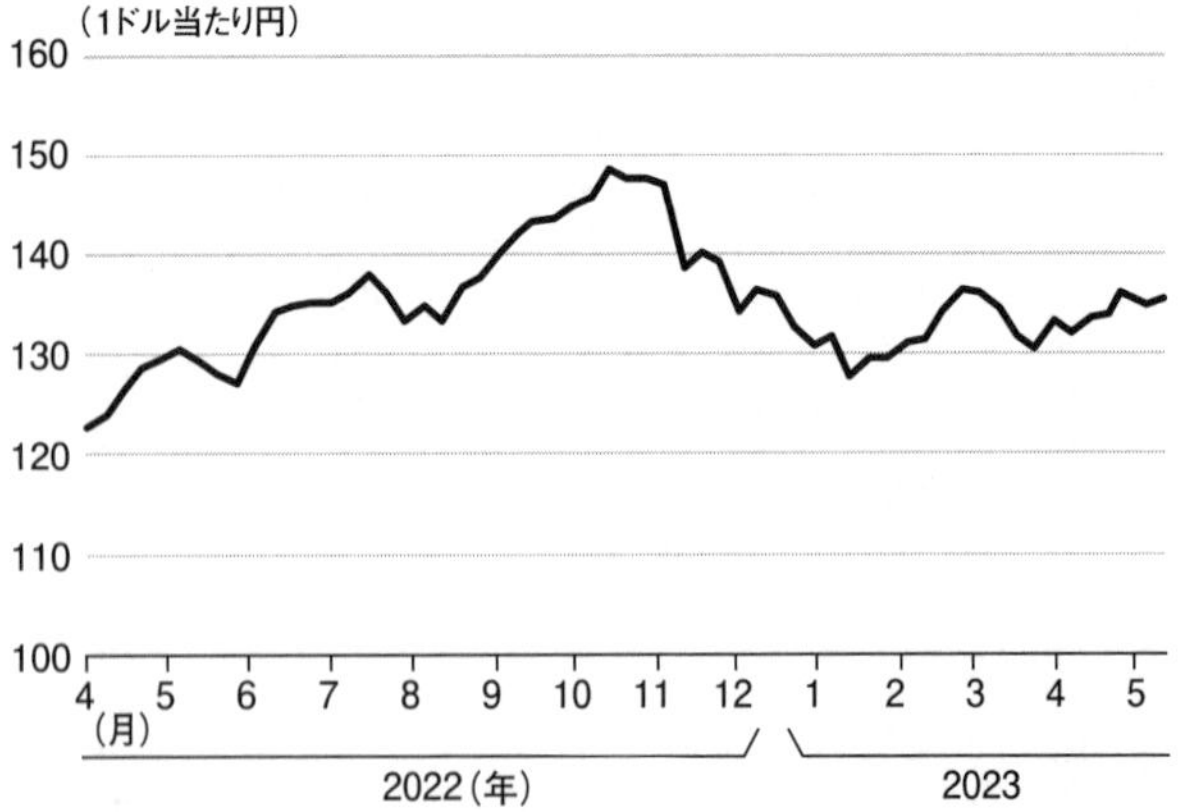

/kabutanのデータにより著者作成

ているためだ。

　2022年の春以降、日銀は、2種類の投機に晒《さら》されていた。第1は円のキャリートレード、第2は、長期国債のショートポジションである。キャリートレードとは、低金利国の通貨（この場合は円）で借入れ、金利の高い国の通貨（この場合はドル）に交換して投資する取引のこと。ショートポジションとは、先物取引で、売りの残高が買いの残高を上回っている状態のことである。

　これら二つは、全く逆の見通しに基づいている。

　キャリートレードは、日銀が長期金利を引き上げないという見通しに基づいている。一方、国債のショートポジションは、近い将来に日銀が長期金利を引き上げざるを得ない状況になるだろうという見通しに基づいている。

日銀が金融緩和を継続するという表明、つまり長期金利を簡単には引き上げないと表明したために、国債のショートが成功する確率は低くなった。したがって、この投機はかなり収まったと考えられる。

しかし、キャリートレードの成功確率は高まった。投機筋は安心して円キャリー取引をすることができる。円安が今後もさらに進む可能性が高まったと考えられる。

日本円の購買力が著しく低下したことは、実質為替レートを見ると、明らかだ。

1990年代から低下を続けており、現在の水準は1970年代の初め頃と同じだ。つまり、固定為替レートの時代にまで戻ってしまっている。日本円は、著しく低い購買力の水準から脱却できない。

円安で輸入物価が上昇する

円安は、円ベースの輸入物価を上昇させる。輸入物価指数の推移は、図表3－10に示す通りだ。

図表3-10　日本の輸入物価指数の対前年同月比

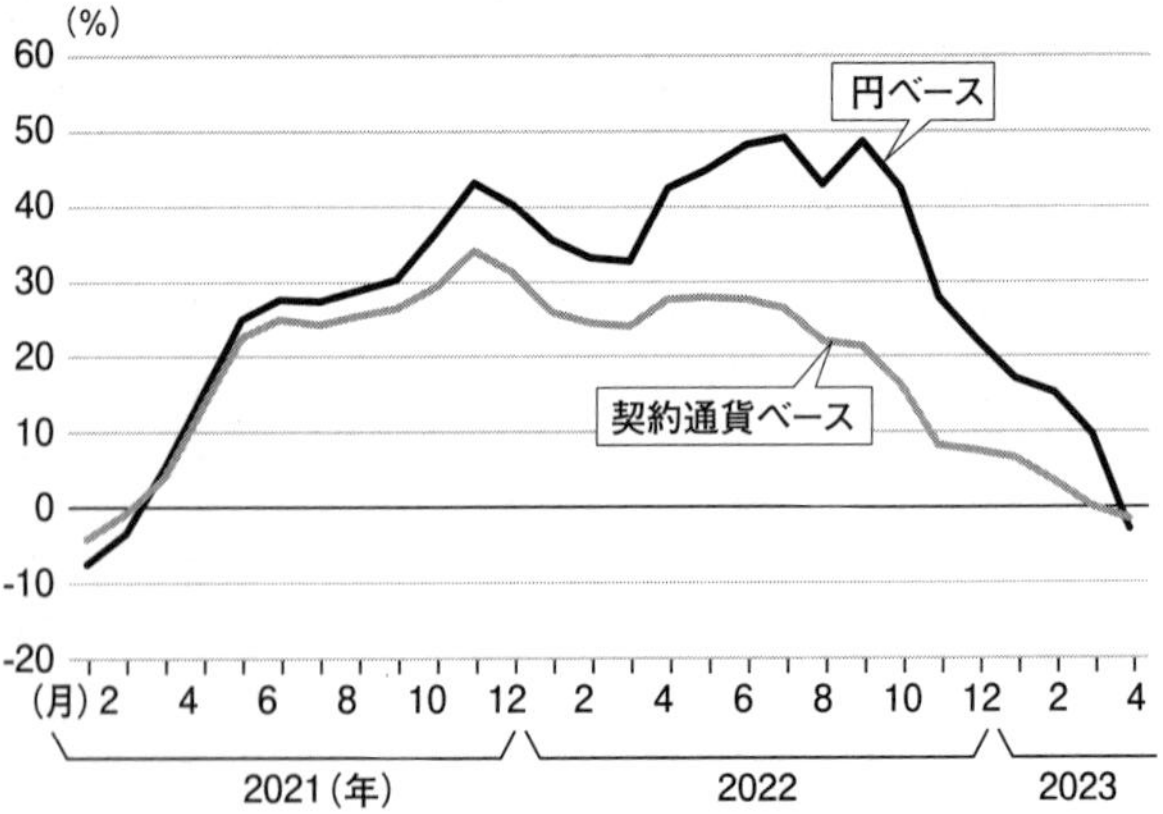

日銀のデータにより著者作成

契約通貨ベースでの輸入物価指数の対前年比は、２０２１年11月に34％とピークになったが、その後は伸び率が低下し、２０２３年４月にはマイナスになった（速報値）。ところが、円ベースでの輸入物価指数の上昇率を見ると、２０２２年秋まで上昇が続いた。対前年同月比は、２０２２年７月には49・２％となった。

したがって、２０２２年春以降の輸入物価の上昇は、海外要因というよりは、主として円安によって引き起こされたことになる。

輸入物価の上昇は、消費者物価を上昇させる。多くの人々は、現在の物価上昇は、原油価格上昇などの海外要因によるものと考えている。確かに、2022年の春までは、そのような要因によって輸入物価が上昇していた。

しかし、夏以降は、輸入物価上昇の約半分程度は円安によって引き起こされていたのだ。2022年の秋以降は、円安による要因の方が大きくなっていた。

契約通貨ベースの輸入価格の対前年上昇率は、2023年4月以降マイナスになっているので、今後、国際情勢の急変がなければ、輸入物価の動向を決めるのは、為替レートの動向になるだろう。

日本の消費者物価指数は、ほぼ輸入物価指数の動きによって決まる。したがって、2022年の夏以降の消費者物価の上昇は、円安によって引き起こされてきたと言うことができる。そして、今後の動向を決めるのも、為替レートの動向だ。

円安で消費者物価指数が約0・3ポイント引き上げられる

図表3－9に見られるように、2022年7月の円の対ドルレートは、1ドル＝135円程度であった。これに比べると、現在の1ドル＝140円という為替レートは、3・7％ほど円安だ。

したがって、契約通貨ベースの輸入物価が昨年と同水準であるとしても、円ベースでの輸入物価指数は2022年に比べて3・7％ほど高くなる。

為替レートが今後どのように動くかは、様々な要因に依存しており、予測することが不可能だ。また契約通貨ベースでの輸入価格の動向を予測することも難しい。ただし、仮に1ドル＝140円程度という水準が続くとすれば、2023年の9月ごろまでは、前年に比べて円安である状況が続くことになる。そして仮に契約通貨ベースの輸入物価が現在とほぼ同じであれば、円ベースでの輸入物価は2022年に比べて上昇することになる。

これまでのデータを見ると、円ベースの輸入物価指数の対前年比がr％であれば、その数か月後の消費者物価指数の対前年比がr／10％程度となる傾向がみられる。したがって、円ベースでの輸入物価指数の対前年上昇率が前述のように3・7ポイント高くなれば、消費者物価指数の対前年上昇率は、0・37ポイントほど高くなるだろう。

なお、為替レートが現在よりさらに円安になる可能性もある。そうなれば、以上で述べた状況はさらに進むことになる。

低下した実質賃金は取り戻せない

問題は、物価上昇が続く中で、賃金がどう動くかだ。これについては、本章の3で既に議論した。結論を要約すれば、次の通りだ。

今年の春闘での賃上げ率は、名目値でみるかぎり、確かに30年来の大幅な高さになった。しかし、実質値で見れば、これまでと大きな変化はない。経済全体で見ると、実質賃金水準の下落が続いており、記録的な低水準にまで落ち込んだ。

ところで、先に述べたように、2022年に高騰した物価の水準はもとに戻らない。他方で、名目賃金がこれ以上、上昇することもない。したがって、実質賃金が低下した状況は取り戻せない。むしろ、前述のように円安がさらに進んで物価上昇率が高まれば、状況はいまより悪化する可能性が強い。つまり、実質賃金がさらに低下する可能性がある。

一方で、大企業を中心に企業の利益が増える。それにもかかわらず、労働者の生活は苦しくなる。このような状況が続くことになる。

日本国民が円を見捨てる日

円建て預金から外貨建て預金に乗り換える動きが、昨年一時的に急増した。その後円安が落ち着いたので、その動きも落ち着いた。

しかし、日銀が金融緩和を続けることを考えると、円安がさらに進む可能性がある。すると、ドル建ての資産への逃避、つまり日本からの資本逃避が生じる危険がある。つまり、日本国民が日本の通貨を見捨てるような事態が生じる。

円安が収まった状況では、このような事態は生じる可能性が低いと思われていたが、その後の状況を考慮すると、一概に杞憂とは言えなくなってきた。

第4章

増大する財政需要と政治家の無責任

1　人口高齢化で年金財政は悪化する

単純化したモデルで年金財政の本質を見る

日本では、今後、高齢化が進展し、社会保障財政に大きな問題が生じると考えられる。ところが、政治家はこの問題に正面から対処しようとせず、様々なバラマキ政策にうつつを抜かしている。そして新しい財政需要に対応する財源としては、ごまかしとしか言えない政策が取られようとしている。これは大変深刻な問題だ。

本章では、1から3において、公的年金の維持可能性を検討しよう。そして、4と5において、子育て政策や防衛費の財源問題を取り上げる。

まず、公的年金の問題を取り上げよう。年金財政にはさまざまな要素が関連するので、その見通しは容易でない。政府による2019年財政検証は、6つのケースを想定して収支計算を示している。しかし、これでは、いかなる要因がどのように影響するかを判別しがたい。

以下では、もっとも重要なポイントを抜き出して、できるだけ単純化した形で年金財政を考えることとする。こうした方法によってこそ、問題の本質を理解することができる。

最初にゼロ成長経済を想定しよう。すなわち、物価上昇率も賃金上昇率もゼロであるとする。そして、２０２０年から２０４０年の20年間を考える。

ある年齢階層での総人口に対する保険料・税負担者と年金受給者の比率は、どの年齢階層でも同一と仮定する。したがって、以下では、保険料負担者数と年金受給者数でなく、人口を考えることとする。また、15～64歳人口が保険料を負担し、65歳以上人口が年金を受給するとする。

国立社会保障・人口問題研究所の推計（２０23年推計）によれば、前記の期間に、15～64歳人口が０・８倍になり、65歳以上人口が１・１倍になる。これは、出生中位、死亡中位の推計だ。実際の出生率はこの想定より低くなっているが、２０４０年頃までの15歳以上人口を考えるかぎり、この数字には、ほとんど影響はない。

高齢化に伴い、給付が保険料収入を大幅に上回る

２０２０年における保険料総額をＣとする。政府は、保険料率を現状より上げないとし

ている。国庫負担率も変わらないとすると、2040年における負担総額は、15〜64歳人口が減少するのに伴って、0・8Cに減少する。

一方、2020年における年金給付総額をBとする。そして、2040年における一人当たり年金給付は、2020年と変わらないとする。すると、2040年における給付の総額は1・1Bとなる。

厚生年金の場合、2020年度においては、ほぼCとBが等しい。つまり、収支がほぼバランスしている。しかし、2040年には保険料収入が0・8Cに減少する一方で給付が1・1Bになるので、給付が保険料収入を大幅に上回ってしまうことになる。

マクロ経済スライドだけでは年金財政はバランスしない

将来における年金財政をバランスさせるために導入されているのが、「マクロ経済スライド」だ。これは、2004年に導入されたもので、一人当たり給付を毎年r％カットする。すると、20年後には、一人当たり給付は、(1-r/100)^20倍になる。

rは約0・9％と設定されているので、この値は、0・83になる。つまり、一人当たり給付を20年間で約2割カットすることが予定されているのだ。

すると、2040年の給付総額は、前述のように1・1Bではなく、1.1×0.83B＝0.9Bとなる。他方、2040年の保険料収入は、前述のように0・8Cだ。したがって、（BとCはほぼ等しいので）依然として給付総額が保険料総額を上回ることになる。

実質賃金が上昇すると、年金財政は大きく好転

以上ではゼロ成長経済を想定した。ここでその想定を変更し、物価上昇率はゼロだが、実質賃金が対前年比で毎年w％だけ上昇すると考えよう。

すると、その年の保険料総額は、ゼロ成長の場合に比べて、w％だけ増える。

他方で、その年の新規裁定者の年金も同率だけ増える。ただし、既裁定者（すでに年金を受給している人）の年金額は影響を受けない。

保険料の増加は、15～64歳の人口すべてについて生じることであるから、新規裁定の約50倍の効果があることになる。つまり、実質賃金が上がることの効果としては、保険料収入が増加することのほうが圧倒的に大きい。そこで、以下では、新規裁定者の年金増加は無視し、保険料総額増加だけを考えることにする。

実質賃金が毎年w％上がると、20年後には賃金は、（1＋w/100）^20倍になる。

w＝1%の場合、20年後に現在の1・22倍になる。したがって、20年後の保険料総額は、2020年の0.8×1.22＝0.976倍になる。給付は前述のように0.91Bなので、収支は改善する。

2019年財政検証では、不自然に高い実質賃金伸び率を仮定している。ケース1では年率1・6%だ。ケース2からケース4でも、年率1%台を想定している。

年金財政が均衡するという結論になる最大の要因は、このように高い実質賃金上昇率を仮定していることなのだ。

支給開始年齢引き上げが不可避になる

しかし、日本経済の現実の姿を見ると、第3章で見たように、実質賃金は減少している。2019年財政検証の際には、この問題が十分議論されることはなかった。

しかし、2022年において大幅な実質賃金低下を経験した日本国民は、実質賃金の見通しに敏感になっている。だから、2024年の財政検証において、2019年の際と同じような虚構を押し通すのは、難しいのではないだろうか？

さらに、実際には、マクロスライドは、これまで十分に機能していない。今後も機能しない可能性が強い。すると、支給開始年齢引き上げが不可避になるだろう。

それは、人々が自力で準備すべき老後資金に、大きな影響を与えることとなる。

きわめて重大な問題なのに、議論されていない

以上をまとめると次の通りだ。

公的年金の財政見通しに影響を与える要因としては次のものがある。

第1は保険料・税の負担者数と年金受給者数だ。これらは、年齢階層別の人口によってほぼ決まる。そして、2040年までの期間に関するかぎり、もはや動かすことができない。

ゼロ成長経済を想定し、一人当たり給付が現在と変わらないとすると、20年後の給付総額は、保険料総額を大きく上回る。

第2の要因は、マクロ経済スライドだ。これによって一人当たり年金額が削減される。ただし、これによっても20年後の収支バランスは達成できない。

第3の要因は実質賃金の上昇率だ。年率1%程度の上昇が実現できれば、収支バランスが実現できる。

2019年財政検証は、高い実質賃金上昇率を仮定することによって、年金財政が破綻しないとの結論を導いているのだ。

しかし、この見通しは非現実的である。しかも、マクロ経済スライドの実施には、物価上昇率が0・9％を上回ることが必要だ。この制約があるため、これまでも機能しない年が多かった。今後もそうなる可能性がある。

すると、受給開始年齢の引き上げが必要とされる可能性が高い。

仮にそうなると、個人が自己責任で用意すべき老後資金の額は増大する。その影響はきわめて大きなものとならざるをえない。

これがきわめて重大な問題であるにもかかわらず、政府はこの問題を取り上げようとしない。野党も問題にしないし、マスメディアも問題としない。しかし、この問題に正面から向き合わねばならない日が、いつか訪れるだろう。

2　2040年代前半に厚生年金が破綻する

年金には国庫支出金が支出される

以上では、年金会計の収入として保険料のみを考えた。しかし、実際には、保険料のほかに国庫支出金と積立金運用収入がある。以下では、これらをも考慮した場合の年金財政を考えることとしよう。

まず、各制度から基礎年金制度に対する拠出金の2分の1が国庫負担となる（従来は3分の1であったが、2004年度から段階的に引き上げられ、2009年度に2分の1となった）。収入項目のうちの国庫支出金は、受給者の増大によって増えるわけだ。

厚生年金の場合、2020年度において、経常収入（積立金運用益を除く収入をこのように呼ぶこととする）が約47・2兆円、そのうち保険料収入が約32・1兆円、国庫支出金（国庫・公経済負担）が約10・1兆円だ（厚生労働省、「公的年金各制度の財政収支状況」による）。

厚生年金から拠出金を基礎年金勘定に繰り入れ、そこから、基礎年金として支出される。

２０２０年度で、厚生年金から基礎年金への拠出額は19・４兆円だ。右にみた厚生年金の経常収入中の国庫・公経済負担約10・１兆円は、この約半分になる。

厚生年金収支の見通し

日本には、厚生年金のほかに、いくつかの公的年金制度がある。支給額でみると、厚生年金が48・１兆円、国家公務員共済組合が３・０兆円、地方公務員共済組合が８・３兆円、私立学校教職員共済が０・９兆円、国民年金の国民年金勘定が３・７兆円、国民年金の基礎年金勘定が24・５兆円だ。このように、厚生年金が圧倒的に大きい。そこで、以下では、厚生年金について考えることとする。なお、他の年金も、程度の差はあるが、同じような問題に直面している。

まず支給開始年齢が65歳のままであり、物価上昇率も実質賃金上昇率もゼロであるような経済を考える。

すると、給付は２０２０年度の48・１兆円から始まり、65歳以上人口の増加に伴って増加し、２０４０年度には２０２０年度の約１・０８３倍である52・１兆円となる。

他方で、経常収入の約3分の2は保険料だ（正確な比率は、2020年度で、32.0÷47.2=0.678）。これは、15～64歳人口の減少に伴って、2020年度から2040年度にかけて、0・807倍に減少する。

経常収入の残りは国庫支出金などで、これは、65歳以上人口の増加に従って増加すると考えると、2020年度から2040年度にかけて1・083倍に増加する。

したがって、経常収入全体としては、2020年度の47・2兆円から2040年度までの間に0.678×0.807+0.322×1.083=0.896倍になって、42・3兆円となる。

国庫支出金を含めても、なお厚生年金の経常収入は、20年後には1割以上減少するのだ。

2040年代前半に厚生年金の積立金が枯渇する

2020年度においては、厚生年金の経常収支はほぼ均衡している。しかし、その後は赤字が拡大する。赤字額の累計は、2040年度までだと、約100兆円だ。

これを積立金の取り崩しによって賄うとしよう（実際には、積立金の運用益を考慮する必要があるが、それについては後述する。ここでは、運用益がない場合を想定する）。

2022年12月末の積立金残高は、年金積立金全体で191兆円だ（GPIF：年金積立金管理運用独立行政法人「2022年度の運用状況」による)。このうち厚生年金の比率は、過去のデータからすると79%程度と考えられるので、約150兆円だ。

ところが、2040年度以降は、単年度の赤字が10兆円を超す。だから、2040年代の前半に、積立金が枯渇することになる。

これを回避するためには、支給開始年齢の引き上げが必要になる。

積立金の運用収益に頼ることはできない

年金会計の収入としては、以上で考えた経常収入のほかに、積立金の運用収入がある。

運用収入がどの程度の額になるかは、経済情勢によって大きく変動する。2020年においては、35・7兆円という巨額の運用益が発生した(収益率では24・0%)。しかし、収益率がマイナスになった年もある。2022年においては、四半期連続で赤字となった。

2001年度から2021年度の間の平均運用利回りは3・7%だ(GPIF、「年金積立金の運用目標」による)。現在の積立金が約150兆円であるから、積立金の額が不変であるとすれば、年間で5・5兆円程度の収入を期待できることになる。

しかし、2030年代の後半には、経常収支の赤字が6兆円を超える。そうなると、積立金の取り崩しが必要になり、残高が減少し始める。すると、運用収益も減少する。こうして、積立金の残高が急速に減少するという悪循環が始まる。

したがって、運用益を考慮したとしても、右に述べた収支見通しに大きな違いはないだろう。破綻時点が若干後にずれることはあるだろうが、大勢に影響はないと考えられる。

しかも、運用収益がどうなるかは、将来の経済情勢に依存する。だから、運用収益をあてにすることはできない。経常収支についてのバランスを実現することが重要だ。

3　年金支給開始年齢引き上げの議論を始めるべきだ

財務省は、支給開始年齢引き上げが必要だという

政府は年金支給開始年齢の引き上げが必要と考えているようだ。

まず、財務省は、厚生年金の支給開始年齢を68歳に引き上げる案を、2018年4月11日、財政制度等審議会（財務大臣の諮問機関）の財政制度分科会に提出した。

この資料で同省は、「人生100年時代」を迎える中で、年金財政悪化により、給付水準低下という形で将来世代が重い負担を強いられると指摘している。

さらに、2035年以降に団塊ジュニア世代が65歳になることなどから、「それまでに支給開始年齢をさらに引き上げていくべきではないか」と主張している。そして、開始年齢を68歳とした場合の「支給開始年齢の引上げによる受給水準の充実」のイメージ図を提示している。また外国でも、支給開始年齢は67、68歳が多いことを指摘している。

なお、財務省が年金支給開始年齢の引き上げを主張しているのは、年金会計の収支バラ

ンスを図るためというよりは、受給者数の増大によって国庫支出金が今後増えることを抑制しようとしているのであろう。あるいは、国庫負担率をさらに引き上げる要求が出てくることを恐れているのであろう。

70歳までの雇用確保が進められている

他方で、70歳定年に向けての準備も進められている。

政府は、年金支給開始年齢を従来の60歳から65歳に引き上げたことに合わせて、65歳までの雇用を目指しており、2025年度には、企業に対して65歳までの雇用が義務づけられる。

また、「高年齢者雇用安定法」の一部が改正され、2021年4月1日から施行されている。

それによると、事業主は、①70歳までの定年の引き上げ、②定年制の廃止、③70歳までの継続雇用制度の導入、などの措置を講じるよう努めることとされている。

これは、仮に公的年金の支給開始年齢が70歳になっても生活ができるようにするための環境整備だと考えられなくもない。

つまり、それまでは年金がカバーしていた65〜69歳の生活を保障する責任を、年金でなく企業が受け持つという方向だ。

「受益の全世代化」でなく「負担の全世代化」が必要

前記のように2019年に財務省が支給開始年齢の引き上げ問題を提起したが、その後政府は、「全世代型の社会保障改革」を進めるとし、「あらゆる世代が社会保障制度から利益を得る」という面を強調するようになった。つまり、「受益における全世代化」だ。

しかし、社会保障が実現する世代間移転の基本的な姿は、「若年者が負担し、高齢者が受益を受ける」ことだ。この逆のパタンの世代間移転は、あまりない。今後も、そうしたものが生じるとは考えにくい。

日本の社会保障制度が直面している問題は、負担者である若年者人口が減り、受益者である高齢者人口が増えるために、社会保障制度の維持が難しくなることだ。

これに対処するため、高齢者の受益額の減少、ないしは負担額の増加が求められている。これは、年齢構造の変化からどうしても必要とされることだ。

だから、あえて「全世代」という言葉を使うなら、いま必要とされていることは、「負担の全世代化」である。

ところが、それは、政治的には不人気なことだ。しかし、それをあえて実行しなければならない。社会保障改革は、人気取り政策にはなり得ないのである。それを、「全世代型社会保障」という曖昧なキャッチフレーズで覆い隠してはならない。

2024年の財政検証で、支給開始年齢の問題を提起すべきだ

支給開始年齢の引き上げは、いつ行なわれるだろうか?

最も早くは、65歳への引き上げが完了する2025年からだ。このためには、2024年の財政検証においてこの問題が提起されなければならない。しかし、支給開始年齢引き上げには大きな反対が予想されるので、来年時点でこのような大問題が提起されるとは考えにくい。

ただし、この問題はいつまでも放置するわけにはいかない。前述のように、支給開始年齢が現在のままだと、厚生年金の積立金は2040年頃には枯渇すると考えられるからだ。

したがって、遅くとも、支給開始年齢引き上げは、2040年までには完了している必要がある。

70歳までの引き上げであるとすれば10年間かかるので、次の次の財政検証時点である2029年に、この問題が提起されなければならない。ただし、2024年の財政検証において、この問題にまったく触れなくてよいわけではない。

これまで指摘してきたように、現在の財政検証は、高すぎる実質賃金伸び率という虚構の上に立っている。虚構ではなく、経済の実態に即した真摯な見通しが示されるべきだ。

4　不合理きわまりない少子化対策の財源

児童手当増額で出生率が上昇するか？

政府は少子化対策の財源を、健康保険料の引き上げに求めると報道されている。これは、不合理で、不公平きわまりない政策だ。

まず第一に、少子化対策予算の増額が本当に必要なのかという疑問がある。

私は、出生率の引き上げは、重要な政策課題であると考えている。日本の出生率が低すぎることに疑いはない。ただし、その原因についてはもっと深く検討する必要がある。

出生率の上昇のためにどのような政策が必要かとの議論は、十分になされていない。少なくとも、児童手当の増額によって出生率が上昇するかどうかは、大いに疑問だ。

民主党政権時代に児童手当を増額したにもかかわらず、出生率が大きく改善したとはいえない。したがって、今回の措置も同様の結果になる可能性がある。

自民党は、民主党政権時代に、児童手当の拡充に反対した。そうであれば、いま、なぜ同じ政策が必要なのかを、納得がいくように国民に説明する必要がある。

それができなければ、これは単に人気取りのためのバラマキ政策にすぎないとの批判を避けることはできない。

子育て政策の財源に、とんでもない筋違いの発想

つぎに財源の問題を見よう。ここには、日本の政治の劣化が顕著に表われている。正面から取り組まず、「どうやったらごまかせるか?」を考えているのだ。

2023年3月末に公表された政府のこども・子育て政策には、数兆円の財源が必要であるとされる。4月7日に「こども未来戦略会議」が発足し、議論が始まった。

6月16日に閣議決定された「経済財政運営と改革の基本方針」(骨太の方針)では、具体的な財源措置を2023年中に決めるとし、事実上、先送りした。これに関しては、健康保険料の引き上げが提起されている。これは、医療保険制度を活用した支援金制度だ。健康保険組合、国民健康保険、それに後期高齢者医療等を含めて、負担増を求める。これによって、全体で3兆円規模の少子化対策の費用のうち、約1兆円程度を賄うとされる。

しかし、これはとんでもない筋違いの発想だ。児童手当拡充の財源は、その政策の性質

上、税金で賄うべきだ。もし目論見通り出生率が上昇したとすれば、その恩恵は国民全体が享受するからだ。

所得税、法人税、消費税のいずれが適切かの議論は必要だが、少なくとも健康保険料でないことは明らかだ。

医療保険制度は、将来あり得る医療費支出のリスクを加入者でプールするための仕組みだ。したがって、ここで集められた保険料を他の用途に用いることは許されない。

「子育て政策によって将来若者が増えれば、医療制度を支えられる」と言われることもあるが、そうした論理は成り立たない。仮に子育て政策で出生率が上昇しても、その人たちが保険料を負担できるようになるのは、何十年も先のことだ。それに対して、医療費の支出は明日にでも起こることである。

医療保険の保険料を医療費以外の目的に使えば、医療保険制度を根底から破壊することになる。

仮に、防衛費増額を健康保険料引き上げで賄うといえば、おかしなことだと誰でも思うだろう。しかし、児童手当になると、「おじいちゃんが孫のために小遣いをあげる」というイメージが浮かんで、許容できると考える人がいるかもしれない。少なくとも、防衛費に対して感じるような違和感は少ないだろう。しかし、これは単なる錯覚に過ぎない。

消費税増税が封印されているので、おかしな財源探しが必要になる

残念なことに、以上で述べたことは、日本では「書生論」とみなされる。つまり、現実を無視した原則論に過ぎないとされる。

いまの日本では、原則論では物事は進まない。財源問題については、とりわけそうだ。

子育て政策のために本来使われるべき財源である消費税について、岸田文雄首相が「消費税は10年程度は上げることは考えない」と明言しているからだ。消費税増税の議論が封印されたままでは、財源探しは迷走せざるをえない。

他の税目にしても、増税を提起すれば大反対が生じるのは、目に見えている。だから、できるだけ目につかない方法で財源を調達しなければならない。健康保険料の引き上げは、あまり注目を集めないので、やりやすいと判断されているのだろう。

本来、国民の間で十分な議論が行なわれるべき重要な問題について、できるだけ議論がされない方法をとろうとしている。書生論を繰り返せば、これは財政民主主義の根幹にかかわる大問題だ。

子ども・子育て拠出金という大問題の制度がすでにある

ただし、これについて、日本の制度はすでに深刻な問題を抱えている。現在すでに、児童手当は社会保険料で賄われているからだ。「子ども・子育て拠出金」という制度があり、厚生年金保険料に上乗せされて拠出金が徴収され、児童手当の財源となっている。健康保険の保険料に上乗せするのは、この延長線上にある発想なのだ。

「子ども・子育て拠出金」は、会社や事業主から「社会全体で子育て支援にかかる費用を負担する」という名目で、従業員の厚生年金保険料とともに徴収されている。

これは保険料なのかといえば、年金給付の財源になるわけではないので、保険料ではない。では税なのかといえば、税法に基づいて徴税機構が徴収するわけではないので、税でもない。性格が全くはっきりしない。

拠出金額は、従業員数から計算される。従業員に子どもがいるかどうかは関係ない。独身であっても、厚生年金加入者全員が対象となる。社会保険料は雇用者と従業員が折半で負担しているが、この拠出金は、全額を雇用者が負担する。なお、国民年金ではこのような負担はない。だから、公平性の点でも大いに問題だ。

この拠出金は、以前は「児童手当拠出金」という名称だった。児童手当制度が始まった1972年から存在する。

拠出金率は、2014年度には0・15%だった。子ども・子育て支援改正法が施行された2015年に、「子ども・子育て拠出金」という名称に変更された。料率も段階的に引き上げられ、2018年度には0・29%になった。2019年度には0・34%に引き上げられた。現在は0・36%となっている。0・45%までは、政令で引き上げが可能だ。

拠出金は、年金保険料とともに日本年金機構によって徴収され、年金特別会計の「子ども・子育て支援勘定」で経理される。2022年度では、拠出金0・65兆円のほか、一般会計からの受け入れ2・49兆円などがあり、児童手当交付金1・26兆円、子ども子育て支援推進費1・63兆円などの財源となっている。

これは、結局のところ、法人税と同じようなものだ。法人税の増税とすると目につくので、こうした方策が取られたのだろう。

このように極めて問題が多い仕組みなのだが、料率もそれほど高くはないし、直接に負担するのが事業主や会社であることから、あまり大きな問題にはならなかった。

しかし、法人の活動に影響がないとは言えない。厚生年金の雇用主負担が重すぎることが、従業員を増やさない大きな原因になっていることは否定できない。それに加えて、なぜ負担しなければならないのかがはっきりしない拠出金を求められては、従業員を増やす意欲はさらに削がれるだろう。中小企業や零細企業の場合にはとくにそうだ。

このように全く正当化できないおかしな制度が、日本の財政制度の中にすでに入り込んでしまっているのだ。

金融資産所得がカウントされない問題

今回考えられている支援金制度でとくに問題なのは、後期高齢者保険も対象とされていることだ。これが問題である理由は、つぎのとおりだ。

健康保険料は課税所得に基づいて計算されているが、この中に金融資産から生じる所得は含まれていない。これは、所得税において分離課税されているからだ。

裕福な高齢者の所得は、資産所得である場合が多い。そして、金融資産からの所得は健康保険料には反映されないから、支援金制度を導入しても、負担が増えることはない。

金融資産からの所得が分離課税されていること自体が大きな問題なのであるが、今回の措置によって、それがもたらす問題がさらに拡大することになる。

後期高齢者保険での支援金は、75歳以上の人が同じように負担するのではなく、労働所得が多い人が主として負担するのだ（年金の多い人も負担することになるが、年金に対しては、極めて寛大な所得控除措置がある）。

したがって、この措置によって、高齢者の就労意欲は大きく下がることになるだろう。政府は「75歳以上の人々は働かない方がよい」というシグナルを出していることになる。

労働力不足が今後ますます深刻化することを考えると、これは大変大きな問題だ。

岸田首相は、自民党総裁選の際に、金融資産所得課税を是正することを目指した。しかし、株価が急落したために急遽撤回してしまった。その後、全く逆の政策に転換したが、今回の措置は、その方向をさらに一層進めるものだ。

先に、「豊かなおじいちゃんが孫のためにお金を出すのはよいことだ」とのイメージがあると言った。このイメージどおりの社会を実現するためには、金融資産所得課税の適正化を実現しなければならない。健康保険料を引き上げるのは、全くの筋違いである。

政治が全く機能していない

以上で述べたように、75歳以上の人々の保険料を増加させる措置は、一部の人々だけに負担を課す。これを正当化する合理的な理由は全く存在しない。唯一の理由は、政治的な反対が弱いということだけだ。

裕福な高齢者は、政策に影響を及ぼすチャンネルを持っているかもしれない。しかも、金融資産所得の課税強化に対しては、金融機関からの強い反対がある。だから、政治的に難しい。

一方、75歳以上の人々が政策に影響を及ぼすチャンネルは限られている。高齢でありながら労働所得を得る人々の意向を政策に反映させる手段は、選挙以外にない。しかし、そのメカニズムが機能していない。

なお、少子化対策の費用を健康保険料に求めることは、日本の官庁の縦割りセクショナリズムの観点からすれば、ある種の合理性を持つ。なぜなら、どちらも厚生労働省の所管であるためだ。そして、「自分の管轄で必要な財源は、自分が調達する」という「原則」にあっているからだ。だから、財務省は健康保険料を支援金として用いることに反対はしないだろう。

しかし、いうまでもないことだが、この「原則」は間違っている。政府の財政は一体として運営されなければならない。

そして、以上で述べた問題を調整するのは、総理大臣の役目である。岸田総理大臣はその使命を果たしていないとしか言いようがない。日本の財政は、正当性という指針を失って、政治的な影響力の強さだけで動いている。いや、「動いている」というよりは、「漂流している」。その結果もたらされるのは、想像するだけで恐ろしい社会だ。

財源問題に正面から取り組め

政府は、この機会に、増税問題に正面から取り組む必要がある。それができなければ、少子化対策の内容を見直すべきだ。

高齢化が進行することは避けられないので、医療、年金、介護の給付は増加せざるをえない。だから、社会保障制度そのものの財政が問題になる。消費税の増税は、避けて通れない課題なのである。

今回、増税を避けて財源を調達しても、一時的なことに過ぎない。それは、未来に対する責任を回避すること以外の何物でもない。

次節で述べる防衛費増額の財源探しも、同じ問題を抱えている。歳出改革と増税が本来あるべき財源だが、反対が強いため、決算剰余金の活用と税外収入の積立という「筋の悪い」財源が優先して検討されているのだ。

増税や歳出削減は、誰にとっても不愉快なテーマだ。できることなら避けたい。しかし、正面からそれに立ち向かうことこそが、政治の役割なのである。

5　全く正当化できない防衛費増額の財源措置

歳出削減や増税ではなく、「筋の悪い財源」に頼ろうとしている

防衛関係費の増額の財源として決定された方策は、全く正当化できないものだ。

それは、以下で説明するように、赤字国債の増発によって防衛費の増額を賄うのと実質的には同じことである。それを、分かりにくくしているだけのことだ。それにもかかわらず、財政制度は複雑なので、問題の本質が理解されず、批判の対象となっていない。

まず、これまでの経緯を振り返っておこう。２０２２年11月に公表された有識者会議の報告書では、防衛関係費増額の財源は、国債によらず、歳出改革と増税によって賄うこととされた。ところが増税に対して自民党内で強い反対が起こったので、これら以外の財源が求められることとなった。

政府が２０２３年2月3日に閣議決定した２０２７年度までの5年間の防衛費増額の計画では、増税と歳出削減のほかに、次の２つのものが付け加えられた。

第1は、防衛力強化資金の設立。

第2は、決算剰余金の活用。

国会で審議されたのは、このうちの防衛力強化資金の設立だ。つまり、本来検討されるべき増税と歳出削減が後回しにされて、筋の悪い財源が検討の対象となったのだ。

「防衛力強化資金」は、税外収入を積み立てる

「防衛力財源確保特別措置法」では、「防衛力強化資金」を創設し、2023年度予算にすでに計上してある4兆5919億円の税外収入を複数年度にわたって活用することとされた。

税外収入の内訳は、外国為替資金特別会計と財政投融資特別会計からの繰入金が約3兆7000億円、大手町の国有ビル売却収入が約4000億円、独立行政法人に積み上がり不用となった新型コロナウイルス関連予算の返納金が計746億円などだ。

これには2つの問題がある。

第1に、こうした収入が、これからも継続的に期待できるとは限らない。

第2に、(これがより重要な点だが)こうした収入は、これまでは一般財源として使える

ものだった。それが防衛費だけに回されるとすれば、他の経費に充て得る財源がそれだけ少なくなる。それは赤字国債の発行によって賄うしかない。

結局のところ、これは赤字国債の発行によって防衛費を賄うのと同じことだ。ただ、それが分かりにくくなっているだけのことである。

「決算剰余金」の活用はさらに問題が多い

「決算剰余金」とは、簡単に言えば使い残しのことである。財政法によって、その半分は国債の償還に充てるべきこととされている。残りの半分は、次年度の財源として使える。

いまの制度では、剰余金は一般財源に使える。だから、それを防衛費に限定することになれば、他の歳出に使える財源が圧迫されることになる。つまり、防衛力強化資金の場合と同じ問題が発生する。この方策も、実質的には赤字国債の増発によって防衛費を賄うのと同じことだ。それを見えにくくしているだけのことである。

なお、国会で審議の対象となったのは、前記の防衛力強化資金の設立である。決算剰余金については、現在ある制度を使うだけのことなので、審議の対象になっていない。

剰余金の活用には、さらに大きな問題がある。なぜなら、剰余金を意図的に膨らますことが可能だからだ。このためには、当初予算における予備費を多めに計上すればよい。

鈴木財務大臣は、そのような運営はしないとしている。しかし、コロナ期以降、予備費が従来に比べて著しく膨張しているのは事実だ。

従来は、災害など不測の事態に備えて毎年3000億～5000億円を計上するのが通例だった。しかし、2020年度の補正予算で、コロナ対応予備費を計9・65兆円積んだ。21～22年度も当初予算で5兆円ずつを計上した。23年度予算では、一般予備費5000億円のほかに、新型コロナウイルス感染症および原油価格・物価高騰対策予備費に4兆円、ウクライナ情勢経済緊急対応予備費に1兆円を計上した。

コロナ期においては、どのような事態が発生するか分からないから予備費を多めに計上するという事情があったかもしれない。しかし、そうした必要がなくなってからも、これまでの延長で多額の予備費を計上する可能性がある。そうなれば、結局のところ、予備費という名目で、次年度の防衛関係を賄うことになってしまう。

予備費を多めに計上するには、赤字国債の増額が必要だ。だから、この場合にも、実質的には赤字国債によって防衛費を賄っているのと同じことになる。

こういうことを「朝三暮四」という

大変重要なことなので繰り返すが、防衛力強化資金にしても剰余金にしても、実質的には赤字国債の増発によって防衛費を賄うにもかかわらず、それをわかりにくくしているだけのことだ。

宋の国の猿回しが、飼っている猿にトチの実を与えていたが、貧乏になったので、トチの実を減らそうとした。「朝に三個、夕方に四個にする」と猿たちに提案したところ、猿は激怒。そこで、「では、朝に四個、夕方に三個にする」と再提案したら、猿たちは大喜びした。これから、「実態は何も変わらないのに、見かけを変えて目先の数字でごまかすこと」を「朝三暮四」というようになった。

防衛力強化資金も決算剰余金の活用も、「朝三暮四」以外の何物でもない。

実際には国債によって賄っているにもかかわらず、それをわかりにくくするもう一つの案が、2022年の暮れに一時浮上した。それは、国債償還期間を、現行の60年からさらに延長するというものだ。これによって一般会計から国債整理基金特別会計に振り込まれる繰入金が減少するので、その分を防衛費に充てようとする考えだ。

しかし、一般会計からの繰り入れが減少しても、国債の償還は、従来どおりに行なわなければならない。だから、国債整理資基金特別会計が借り換え債の発行を増やさなければならない。つまり、これは借り換え債の発行によって防衛費を賄うこと以外の何物でもない。それをわかりにくくするだけの方策だ。

以上で見た施策はまやかしであり、トリックに過ぎないのだ。しかし、我々は猿ではない。だから、こうしたトリックには騙されない。

第5章

デジタル化の遅れが日本の遅れの根本原因

1　インターネットに対応できない日本の縦割り社会

コロナ禍でデジタル化の遅れが顕在化した

日本経済の長期的な停滞の原因がデジタル化の遅れにあるという認識が、コロナ禍の2020年に広がった。そして、デジタル化を進めることが日本再生のために不可欠という国民的コンセンサスが形成された。

それに基づいて、2021年9月にデジタル庁が発足した。デジタル化に関する政策を一元化し、効果的に政策を推進するとされた。また、地方自治体においても、オンライン手続きやデータ活用のためのデジタル化の取り組みを進めるとした。

それから2年近く経ったが、デジタル化は何も進まなかった。

2022年には、日本政府のデジタル化がどんなものかを象徴的に示すエピソードもあった。

8月下旬に新型コロナウイルスに感染した岸田文雄首相は、オンラインで執務を続けた。

官邸と公邸との間に光ファイバーのシステムを構築してあったのだが、22日のオンライン取材のために、暗号化した専用回線を突貫工事で設置し直した。そして当日、記者は（オンラインで普通やるように自分自身の端末から参加するのでなく）、官邸の一室に集まってモニターに向かって質問するという、珍妙な風景が展開された。

また、岸田首相の療養期間中は、事務方が官邸から公邸まで紙の資料を届けていたという。

要するに、日本政府は、「セキュリティ上問題がある」との理由で、インターネットを使わないということが、改めて確認されたのだ。

日本政府は、アマゾンのシステムを導入して政府システムのクラウド化をはかると、2020年の秋に決定した。しかし、インターネットが怖くて使えないのでは、クラウド化も無理かもしれない。

この数年間、世界が大きく変動し、それによって日本も大きく翻弄された。それにもかかわらず、結局のところ、日本は主体的には何も変えようとしなかった。

この閉塞的状況を、これから変えることができるだろうか？

デジタル化の遅れには2つの側面

第2章で述べたように、世界の産業構造は、1980年代、90年代頃から大きく変化した。日本経済不調の基本的原因は、この大きな変化に対応できなかったことだ。そして、いまだに対応できていないことだ。

デジタル化の遅れには2つの側面がある。第1は、日常の業務や事務処理で、紙と対面を前提とした仕組みが続いており、また、本人確認が対面と印鑑で行なわれていることだ。多くの企業が紙ベースの業務を続けており、効率的なデータ管理や業務処理ができない。このため、企業の生産性が低下し、国際競争力が弱まっている。また、新たなビジネスモデルやサービスの開発が遅れる。

第2は、産業構造がモノづくりを中心としたものから変化しておらず、インターネットを中心とするデジタル技術やデータ処理を活用できていないことだ。

しばしば話題にされるのは、第1の側面だ。

様々な事務処理で、いまだにファックスなどのアナログ手段が使われている。コロナ禍で、これがとくに問題となった。情報収集にファックスが使われていること、オンライン医療が進まないことなどの問題だ。

　また、様々な行政手続きのために、窓口まで出向かなければならず、時間と手間がかかる。契約文書では印鑑が必要であり、このため在宅勤務が完結せず、印鑑を押すだけのために出社するというような状況が生じたことも問題視された。

1970～80年代には世界の最先端だった日本

　コロナ禍の日本では、デジタル化の遅れとアナログ的な事務手続きの現状が浮き彫りにされた。このことから、日本では、コンピュータ登場前のアナログ的な事務手続きから脱却できていないような印象を受ける。

　しかし、その理解は必ずしも正しくない。1970年代から80年代にかけて、日本はコンピュータの利用で世界をリードする最先端の技術を誇っていたのだ。その時代のコンピュータは大型コンピュータであり、銀行オンラインによるATMを通じた振り込みや現金引き出しなど、先進的な仕組みが実現されていた。

　日本の組織は縦割りであり、各企業が独立した存在として機能している。このような組織の在り方は、大型コンピュータにうまくマッチしていた。ただし、異なる企業間でのデータのやり取りや組織間の連携は、ほとんど行なわれなかった。

そして、大型コンピュータは専門家によって操作されるものであり、一般の人々が日常的に使うものではなかった。このため、デジタル化は進んでいたが、一般の人々にはなじみが薄かった。

日本はインターネットに対応できなかった

1980年代から進展したIT革命は、情報技術の性格を、それまでとは一変させた。まず、PCは、大型コンピュータとは違って、誰でも使えるものだった。したがって、あらゆる人が使えなければ意味がない。専門家だけが使うというものではない。

1990年代の中頃から急速に普及したインターネットは、組織と組織、あるいは人と人を直接につなぐという意味で、重要な変化をもたらした。

その際、組織と組織が共通のルールに従ってデータを処理していないと、うまくつながらない。縦割り構造の日本社会は、このような仕組みの情報手段には、うまく対応できなかったのである。

それが最も明確に表れているのが官庁だ。官庁ごとに異なるベンダーが構築した仕組みなので、隣の官庁であっても、データ通信回線で結ばなければテレビ会議ができないというような事態が起きてしまう。先に述べた岸田首相のテレビ会議も、その例だ。

コロナに関わる情報収集等の混乱も、様々な組織が異なる仕組みを使っており、インターネットでの情報通信ができないために生じたことだ。

つまり、インターネットに対応できないという意味でのデジタル化の遅れは、日本社会の構造と密接に関連しているのだ。したがって、これを改善するには、日本社会の構造を変えなければならない。

これは、デジタル庁を作れば解決できるというような次元の問題ではない。デジタル庁が作られてから2年近く経ったのに状況が何も変わっていないのは、当然のことだ。

なお、これには、マイナンバーカード／マイナンバーの問題が深く関わっている。これについては、本章の6で見ることとする。

2 日本の産業は「データ資本主義」に移行していない

世界はデータ資本主義に移行

一般には、以上で述べたようなことが、日本のデジタル化の遅れであると考えられている。確かに、これは大きな問題だ。本来であれば必要のない仕事に、多大の労働力が費やされている。これらがデジタル化されれば、仕事の効率性は大きく向上するだろう。

ただし、それ以上に大きな問題がある。それが前節で指摘したデジタル化の遅れの第2の側面だ。

それは、日本の産業構造が、技術とビジネスモデルの大きな変化に対応できていないことだ。すでに述べた第1の側面と、これから述べる第2の側面とは、関連はしているが、別のものと考えるほうがよい。

現在アメリカ経済をリードしているのは、GAFA+M（グーグル、アップル、フェイスブック〈現メタ〉、アマゾン、マイクロソフト）と呼ばれる企業群である。これらの企業は、工場、機械、店舗などの物理的な設備をほとんど持たない（ただし、アマゾンは巨大な倉庫と物品移動のための施設を保有しているので、他の4社とは若干性格が異なる。また、グーグルなども、巨大なサーバーと海底ケーブルなどの資本設備を保有している）。

従来の経済活動は、製造業であれば工場や機械が価値を作り出していたし、流通業であれば店舗や倉庫などが重要だった。しかし、ＧＡＦＡ＋Ｍは、基本的にこれらに依存することなしに、巨額の価値を作り出している。

グーグル、アップル、マイクロソフトの時価総額計は、東証プライムのそれを超える

日本の高度経済成長は、先進国へのキャッチアップの過程だった。そこでは、自ら技術を開発する必要がなかった。先進国で成功した技術とビジネスモデルを、そのまま真似ればよかったのだ。

しかし、21世紀になって急速に発展しているのは、「データ資本主義」とも呼べるものだ。その典型が、アメリカのＧＡＦＡ＋Ｍと呼ばれる企業群が行なっていることだ。

ここでは、データが途方もない経済価値を生み出している。時価総額で見ると、グーグル1社だけで1・4兆ドルだ（2023年2月）。1ドル＝130円で換算すれば、182

兆円。これだけで、東証プライム時価総額676兆円（2022年12月末）の27％になる。そこにアップル（時価総額2・4兆ドル）とマイクロソフト（2・0兆ドル）を加えれば、5・8兆ドル（754兆円）となり、東証プライム時価総額を超えてしまう。

プロファイリングがもたらす巨大な利益

プロファイリングは、物的資本に依存せずに巨大な利益をもたらす力を持っている。これは、グーグルやメタ（フェイスブック）のような企業のビジネスモデルの基本だ。これらの企業では、ビッグデータの活用によってプロファイリングやスコアリングを行ない、巨額の利益を生み出している。

ビッグデータとは、SNSなどから収集されるデータのことだ。一つ一つのデータには経済的な価値はほとんどないが、膨大な量のデータを収集し分析することによって、巨大な経済的価値が生み出される。

プロファイリングとは、ビッグデータを用いて個人の特徴や行動パタンを描き出すことだ。これによって、平均値からの脱却が可能になる。広告やレコメンデーション、選挙での利用、個人ごとに異なる保険料率の計算、テレマティクス保険や新しい医療保険の提供など、様々な応用がある。

テレマティクス保険とは、自動車などに設置した装置で運転情報を取得し、それに合わせて保険料を算定する自動車保険。乱暴な運転であれば、保険料率が高くなる。

スコアリングは、信用スコアリングやスパムメールのフィルター、不正会計や不正取引の検知、病気の自動診断などに用いられる。

ビッグデータの価値の推計

ビッグデータの利用によって巨額の経済的価値を見出した企業の典型が、グーグルとメタだ。では、ビッグデータの経済的な価値は、どの程度のものだろうか？　これを推計してみよう。

グーグル（アルファベット）の2021年度（2021年12月30日決算）の数字をもとにして、推計する。

（1）まず、ROA（総資産利益率）のデータを見ると、13・9％だ。ここで、ROA=P/A（P：利益、A：資産）。

この数字は、他社に比べると、非常に高い。例えば、GMでは3％だ。

（2）グーグルのROAの値が非常に高いのは、企業会計で資産と評価されているもの（サーバーや海底ケーブルなど）の他にビッグデータがあり、それが収益に寄与しているためだと考えよう。そして、ビッグデータの価値Bを資産としてカウントすれば、グーグルのROAもGM並みの値になると考える。つまり、P/(A+B)=3.0%であるとする（この仮定が恣意的であるのは事実だ。この値を変えれば、結果は変わる）。

（3）ここで、BはAのa倍であるとする。つまり、B=aA。すると、P/(A+B)=(P/A)/(1+a）となる。

ここで、P/（A+B）は（2）の仮定により3・0%であり、P／Aは（1）で述べたように13・9%であるのだから、前式から(1+a)=4.6となる。したがって、a=3.6となる。つまり、グーグルが保有するビッグデータの価値は、企業会計で資産と評価されているものの3・6倍の価値がある。

（4）2021年度の決算データより、P=910億ドルだ（利益の概念としてはいくつかのものがあるが、ここでは、利益としてEBITDA：Earnings Before Interest, Taxes, Depreciation and Amortization：税引前利益＋法人税＋支払利息＋減価償却費を取った）。

したがって、（1）で示した式P/A=13.9%から、A=6546億ドルとなり、B=2・

35兆ドル（300兆円）となる。

Bの値は、グーグルの時価総額1・2兆ドルを超える。そして、東証プライム時価総額676兆円（2022年12月末）の4割を超える。異常としか言いようのない巨大な額だ。

グーグルは、これほど大きな価値を、ビッグデータの活用で作り出しているのである。

新しい資本主義とは、「データ資本主義」

以上で述べたことから分かるように、「新しい資本主義」とは、「データ資本主義」なのである。工場や店舗のような物的資本に頼らないという意味で、「資本のない資本主義」といってもよい。岸田内閣は、「新しい資本主義」というキャッチフレーズを作り、それがどんなものであるかを模索している。しかし、世界は、すでに10年以上前から、右の意味での「新しい資本主義」に向かって驀進《ばくしん》しているのだ。

高度成長期に日本経済を牽引《けんいん》した製造業は、モノづくり産業だ。そこでは、情報やデータに経済価値を見出そうとする姿勢がない。このことは、日本の大学の工学部の構成を見ても明らかだ。工学部では、伝統的に、「経済価値は、モノづくりから生じる。情報で稼ぐというのは、まっとうな方法ではない」という考えが強かった。そして、いまだに強いのである。

このため、日本の大学の情報化度は遅れている。機械工学のような伝統的な学科が大きな比重を占めており、コンピュータサイエンスなどの比重が低い。実際、東京大学の工学部には、コンピュータサイエンス学科は存在しない。最近では、さまざまな大学でデータサイエンス学科が作られている。しかし、大学のなかでは弱い存在だ。

日本企業にはできない経済活動

では、GAFA+Mのような経済活動を、日本企業が行なうことができるだろうか？

残念ながら、できない。

グーグルやメタの場合、膨大な数のサービスを提供するプラットフォームを作っている。そして、料金を支払わずにデータを集めている。こうしたサービスを展開できるのは、世界でもごく限られた企業であり、そのほとんどは、アメリカと中国に集中している。

このことは世界の時価総額のランキングを見てもわかる。時価総額ランキングのトップ100社のうち、アメリカが61社、中国が12社だ（2023年2月8日現在）。つまり新しい資本主義は、ほぼこの両国によって握られてしまっているということができる。

3　ＡＩが雇用や企業活動に与える影響

ＡＩが単純労働を代替する

生成系ＡＩが登場し、経済活動に大きな影響を与えようとしている。生成系ＡＩとは、機械学習によって得られた知識や情報をもとに、新しいコンテンツを創り出すＡＩだ。米オープンＡＩ社のChatGPTやマイクロソフト社の検索エンジンBing、グーグルのBardなどがよく知られている。

生成系ＡＩの活用は、企業活動や雇用市場、そして経済構造に様々な大きな影響を与えるだろう。

まず、生成系ＡＩ技術の導入により、単純作業やデータ処理をＡＩが労働者に代わって効率的に実行できるようになる。

サービス業においては、人工知能による顧客対応や業務処理が可能となり、従業員の負担を軽減するだろう。例えば、生成系ＡＩを用いたチャットボットは、顧客からの質問や問い合わせに対して、迅速で正確な回答を提供できる。これによって、カスタマーサポートの効率が向上し、人間のオペレーターはより複雑な問題に集中できるようになる。

また、ロボット技術の発展によって、人間の代わりに物理的な作業を行なうことができるようになる。これにより、労働集約的な産業であっても効率的な生産が可能となる。例えば、建設業や農業分野において、ロボットが単純労働を行なうことによって、労働力の不足を解消し、生産性が向上するだろう。

介護分野におけるロボット導入

高齢化社会における介護の課題に対して、介護ロボットの導入が注目されている。少子高齢化が進む中で介護職員の労働力不足が深刻化しているため、負担軽減の手段として介護ロボットが期待されているのだ。

介護ロボットは、移動支援や体位交換など、身体的負担の大きい作業を担当することによって介護職員の労働環境を改善する。

介護ロボットの普及により、新たな雇用機会も生まれるだろう。ロボット開発やメンテナンス、運用などに関わる技術者やエンジニアに対する需要が高まるだろう。また介護職員とロボットが共に働く新たな働き方も広がるだろう。

ただし、導入コストや安全性、人間味の欠如といった課題もある。これらの課題に対処するために、技術開発の進展や制度面の改善が求められる。

介護ロボットの導入は、介護現場の労働力不足や負担軽減といった課題に向けた有望な解決策として、今後ますます重要性を増していくだろう。

自動運転

自動運転技術の普及は、交通事故の減少に大きく寄与するだろう。

また、高齢者や障がい者の移動手段の向上にもつながる。自動車の運転が困難な高齢者や障がい者にとって、公共交通機関の利用が唯一の移動手段となることが多い。しかし、自動運転車が普及すれば、これらの人々も自由に移動できるようになる。それにより、彼らの生活の質が向上し、社会参加が容易になるだろう。さらに、道路の混雑が緩和され、環境負荷の低減にもつながるだろう。

しかし、自動運転技術の普及に伴う課題も無視できない。まず、自動運転車の普及により、運転手を必要としない車が増えるため、タクシーやトラック運転手などの職業が失われる恐れがある。これは、大きな雇用問題を引き起こす可能性がある。また、自動運転技術に関連する法規制やインフラ整備も必要だ。

データ処理

生成系ＡＩ技術を活用したデータ入力や整理ツールは、データ処理を高速で行なうことができる。これによって、人間が負担してきた単純作業やデータ処理を効率的に実行できるようになる。これは、労働力や労働時間を大幅に節約し、企業の生産性や効率性を向上させる。

こうして、労働者がより付加価値の高い仕事に専念できる環境が整えられ、労働力や労働時間の削減が可能になる。そして、人間はクリエイティブな業務や戦略的な意思決定に集中できるようになる。この結果、企業はコスト削減と生産性向上を実現できるだろう。

AIがクリエイティブな作業を補助する

ＡＩ技術による単純作業やデータ処理の効率化は、従業員がより高度なスキルを要する業務に集中できる環境を提供する。

例えば、生成系ＡＩ技術を用いたデータ分析ツールは、膨大なデータセットから有益な情報やパタンを見つけ出すことができる。このため、従来は人間が手作業で行なっていたデータ分析作業が効率化されることとなり、企業はより迅速な意思決定を行なうことができるようになる。

また、生成系ＡＩは、外国語の文章を短時間で正確に翻訳することができる。従来の人間による翻訳作業に比べて、翻訳効率が大幅に向上し、グローバルなビジネスやコミュニケーションが円滑に進むようになる。

こうして、従業員は、クリエイティブな問題解決や戦略的意思決定、あるいは人間関係の調整など、ＡＩが代替できない付加価値の高い業務に専念することができる。

また、言語翻訳や専門知識の提供などを通じてＡＩが人間の補完として活躍してくれるので、従業員は自身の専門分野外のタスクにも取り組むことができるようになる。

ＡＩは従業員のスキルアップを助ける

ＡＩ技術の導入により単純作業が自動化されることで、従業員はより高度なスキルを要する業務に専念できるようになると述べた。その際に必要とされるスキルアップやリスキリングを、ＡＩ技術の活用によって容易に行なえるようになる。

オンライン教育プラットフォームやＡＩ搭載のトレーニングツールを利用することによって、従業員は自分のペースで学習ができ、必要なスキルを習得しやすくなる。また、ＡＩによってパーソナライズされた学習プランやフィードバックは、個々の従業員に合わせた効果的な学習を実現し、能力の最大限の発揮をサポートする。

こうして、ＡＩは労働者の技能の不足を補い、スキルギャップを縮小させる役割も果たす。そして、企業は、人材の能力を最大限に引き出し、競争力や業績を向上できる。

AIは新しいビジネスモデルやイノベーションを促進する

生成系ＡＩ技術を用いた自動化や効率化によって、企業は労働力や労働時間を削減し、リソースをより効果的に活用できるようになる。そして、これまでの業務プロセスを見直し、従業員が付加価値の高い業務に専念できる環境を整えることが可能となる。

このような改革は、企業が新たなビジネスモデルやサービス開発に積極的に取り組むきっかけとなる。

アイデアそのものは人間が考えなくてはならないが、ＡＩは、つぎのような側面で、その作業を助ける。

第1に、市場分析における情報収集と分析がある。生成系ＡＩは、膨大なデータから関連情報を抽出し、分析する能力を持っているため、企業にとって貴重な市場情報や競合情報を効率的に提供することができる。これにより、新たなビジネスチャンスや市場ニーズの発見が容易となる。そして、従来のＡＩ技術では難しかったデータの解釈や分析を行ない、新しい知見を引き出すことができる。

第2に、生成系ＡＩは、複数の分野にまたがる知識を統合し、それらを組み合わせて新しいアイデアを生み出すことができる。これにより、異なる分野の専門家が協力してアイデアを創出することが容易になり、新製品開発や新サービス提供のスピードも向上することが期待される。

第3に、生成系ＡＩは、さまざまのアイデア候補を提示することができる。それらの中に求めるものがなかったとしても、そこからヒントを得て、新たな製品やサービスが開発されることがあるだろう。

ただし、利用に際して注意すべきこともある。企業はＡＩ技術の導入に際して、倫理的な問題やデータセキュリティに十分に配慮しなければならない。適切なガバナンス体制の構築やプライバシー保護が求められる。

このような革新によって、人材の流動性が向上し、企業の柔軟性も高まる。従業員が異なる業務やプロジェクトに参加しやすくなることで、人材の配置転換が容易になり、企業は経営戦略に応じて迅速に人材を再配置できるようになる。これにより、企業は市場変化に対応しやすくなり、競争力が向上すると考えられる。

雇用市場への影響

以上で見たように、生成系ＡＩ技術の導入は、労働力や時間の削減、技能不足の補填、スキルギャップの縮小によって、企業活動に多くのプラスの影響をもたらす。それは、産業構造や雇用市場を大きく変えるだろう。

他方で、ネガティブな効果もありうることに注意が必要だ。

まず、一部の職種が減少する可能性がある。労働力の削減は、雇用の減少や労働市場の不安定化を招くリスクもある。また、従業員が必要とされるスキルも変化する。高度な分析能力やプログラミングスキル、クリエイティブな問題解決能力など、ＡＩと共同で働くための新しいスキルが求められるようになる。

しかし、他方で、ＡＩ技術の導入によって、新しい職種が出現する可能性もあることに注意が必要だ。

さらに、リモートワークの普及に伴い、生成系ＡＩ技術は、リモートでのコミュニケーションやコラボレーションを容易にし、働き方の多様化を促進する。これによって、労働者が自由な働き方を選べるようになり、働く場所や時間に制約がなくなることが考えられる。

総じて、単純作業や繰り返し作業が自動化されることで、人間が担当していた職種の一部が縮小するが、その反面で、ＡＩ技術の開発や運用を担う専門家の需要が増加し、新たな雇用機会が生まれるだろう。

4　マネーのデータの活用

マネーのデータを使って信用スコアリング

ＧＡＦＡ＋Ｍ以外に、データ資本主義で活躍できる企業はないのか？　新しいビジネスモデルを用いた突破口はないのか？

それは存在する。マネーのデータの活用だ。これに関しては、中国アリババの子会社であったアントグループ（旧称：アント・フィナンシャル）が、すでに新しいビジネスモデルを確立している。

アントが運営する電子マネーであるアリペイが、利用者のデータを提供してくれる。これを分析することにより、個人の信用度が測定できるのだ。これを「信用スコアリング」という。アントは、これを貸出の審査に用いるビジネスモデルを開発した。

このモデルが用いられているのは、中国だけではない。例えばイギリスでも同じことが行なわれている。ベンチャー企業のiwocaは、ロイズ銀行と提携して、銀行取引データの分析により信用スコアリングを算出するシステムを開発した。これを用いると、融資申請から審査終了まで、わずか60秒間しかかからない。このシステムは、コロナの緊急融資の審査で重要な役割を果たした。

日本の電子マネーは乱立状態

では、日本で同じことができるだろうか？

日本にも電子マネーは存在する。しかし、あまりに多数の電子マネーがあるため、個々のマネーで集めることができるデータは、限定的だ。このため、残念ながら現状では、日本では電子マネーを利用することによる信用スコアリングのビジネスは難しい。

日本の電子マネーは、手数料によって事業を成り立たせるビジネスモデルをとっている。このため利用者が拡大しない。電子マネーのビジネスモデルを間違えているとしかいいようがない。

マネーのデータ利用は、中央銀行デジタル通貨（ＣＢＤＣ）の登場によって大きく変わる可能性がある。ＣＢＤＣはすべての国民が共通して使うデジタルマネーだから、それによって膨大なビッグデータを集めることができる。ただし現在のところ、ＣＢＤＣは、一部の小国で発行されているだけで、主要国では導入されていない。

なお、財務省は今年4月に「デジタル円」の制度設計に向けた論点を整理する有識者会議を立ち上げた。また、日本銀行は、技術面での実現可能性を探る「概念実証」を2021年に始めている。

銀行APIの利用

中央銀行デジタル通貨が利用可能にならなくても、あるいは電子マネーの利用が拡大しなくても、マネーのデータを用いることは可能だ。それは、銀行が保有する大量のデータを外部の企業が利用するという形態である。

これまでも、クラウド会計ソフトや家計簿アプリが銀行データを用いていたが、サービスを提供するIT業者が顧客からIDとパスワードの提供を受け、顧客に代わってログインするという方法（「スクレイピング」）が使われていた。これは、安全性の面で問題がある方式であった。

しかし、数年前から銀行のデータを外部の利用者が安全に利用できるような仕組みが開発された。それが「オープンAPI」である。API（Application Programming Interface）

とは、異なるデータシステムを連結する仕組みだ。「オープンAPI」（APIを公開する）とは、外部アプリとの間で、データの連携ができるようにすることだ。こうして、銀行が保有しているデータを、他の企業が利用できるようになる。

オープンバンキングとは、こうした連携を積極的に進めようとする動きである。日本でも、2018年の改正銀行法の施行後に、銀行にAPI接続の努力義務を課した。

銀行は、大量のマネーのデータを持ちながら、これまでそれを有効に活用することができなかった。銀行のオープンAPIを使うことによって、外部の企業、例えばIT企業が、それらのデータを活用することができる。これは極めて大きな可能性を持つと考えられる。

1つはビッグデータとしての活用だ。先に述べたイギリスのiwocaの信用スコアリングはこの例だ。

これ以外に、つぎのような新しいサービスが開発されつつある。

（1）チャレンジャーバンク：銀行ライセンスを持つ事業者が、店舗をもたず、インターネットを通じて金融サービスを提供する。

（2）ネオバンク：銀行ライセンスを持たない事業者が、既存銀行とオープンＡＰＩを介して連携し、金融サービスを提供する。

（3）ＢａａＳ（Banking as a Service）、あるいは組み込み型金融：銀行とＩＴ企業が共同することによって金融サービスを提供する。

5　無人化と自動化が進むなかで、人間がなすべきことは何か?

データドリブン経営

「データドリブン経営」ということが言われる。企業が、現在の状況を的確に把握し、それに応じて企業の運営を変えていくというものだ。

これを行なうには、データが必要だ。そのデータとして、銀行APIを利用することが考えられる。場合によっては、リアルタイムで企業の状況を把握し、それを経営に用いることが可能だ。

この原始的な形は、すでにスーパーマーケット等で行なわれている。売れ筋の商品をポイントカードで把握し、仕入れや店舗の棚の配置等に反映させる方法だ。これをさらに進化させたリアルタイムのデータドリブン経営が、将来は可能になるだろう。

無人の金融取引ＤｅＦｉが登場している

他方で、スマートコントラクトを用いることによって、経営者なしに企業を運営することが可能になっている。スマートコントラクトをブロックチェーンに記録し、データに合わせてそれを実行していく。

これによって無人企業が可能になる。無人企業は、すでに仮想通貨において実現されている。ビットコインは、自発的に集まったコンピュータの集まりがデータを処理してブロックチェーンに取引を記録していくことによって、仮想通貨の取引を可能にしている。

この方式をさらに進めて、さまざまな取引を行なうことが可能になっている。通貨の交換や貸付などが、中央集権的組織なしに運営されているのだ。これは、分散型金融（ＤｅＦｉ）と呼ばれる。

完全に自動化された企業で、人間に何が求められるか?

無人企業は、日本のように労働力不足に悩む国にとっては大変重要だ。

ここで、無人企業には、２つのパタンがあることに注意しよう。

第1はロボット化だ。これは、労働者の仕事の自動化だ。工場のオートメーション化、銀行窓口のATM化、自動車の自動運転などがこれに当たる。

無人化とか自動化は、この意味で使われる場合が多い。そして、管理者や経営者の仕事を自動化することは不可能だと考えている人が多い。しかし、少なくとも規則に従うルーチン的な決定であれば、ブロックチェーンを用いて自動化することができるのだ。右に見た仮想通貨やDeFiがこれに当たる。これが無人企業の第2のパタンである「管理者のいない企業」であり、DAO（Decentralized Autonomous Organization）と呼ばれる。

第1の意味でも第2の意味でも自動化された企業はありうる。例えば、自動運転のタクシーをDAOで経営するタクシー会社だ。

では、このような企業が登場する未来の社会では、人間の仕事はなくなるのだろうか？

そんなことはない。すべてをコンピュータで処理することはできないからだ。

例えば、右に述べた無人タクシー会社でも、これまでなかった事故への対処や、新しい技術が登場したときにそれを採用するか否かの判断、新しいビジネスモデルの開発などは、人間が行なわなければならないだろう。

決められた規則に従って組織を管理・運営することは、DAOでもできる。しかし、規則そのものを変えることは、人間の判断でなければできない。

　コンピュータがカバーできる仕事が増えるほど、人間でなければできない仕事の重要性は高まるはずである。

　そのような仕事が具体的にどのようなものであるかは、場合によって違う。だから、日々の仕事を通じて、それがどのようなものかを見出していくことが重要だ。それに成功した人々や組織が、未来の社会をリードすることになるだろう。

6　マイナンバーカードとマイナンバーは、どのような意味を持つか？

健康保険証のマイナンバーカードへの切り替えには問題が多い

政府は2024年秋に現在の健康保険証を廃止して、マイナンバーカードへと一本化することをめざしている。いわゆる「マイナ保険証」だ。

ところが、後述のように、医療機関の現場では混乱が起きている。

患者の立場から見ても問題が多い。まず、寝たきりの病人など、マイナンバーカードの取得や更新が困難な人がいる。

また、紛失するリスクもある。健康保険証でも紛失すれば問題だが、マイナンバーカードはさまざまな機能があるので、紛失したときの問題が大きい。こうした重要なカードを持ち歩かなければならないのは、「実印を持ち歩くようなものだ」との指摘もある。

健康保険証に加えて、運転免許証もマイナンバーカード化される予定だ。このようにして様々な本人確認がマイナンバーカードに統合される。すると、それを紛失した場合の問題はきわめて大きくなる。

もちろん、便利になる側面もある。例えば、医療費控除の確定申告が自動入力できる。こうしたことを利用したい人は利用すればよい。だが、寝たきりの病人まで含めてすべての人の健康保険証をマイナンバーカードに切り替えるのは、必要もないし、無理ではないだろうか？

しかも、マイナンバーカードの手続きは、最初の申請だけで終わるのではない。秘密鍵の更新のために、5年ごとに必要だ。

こうした多大の労力を費やして取得したマイナンバーカードは、一体、何の役に立つのか？　もちろん、健康保険証になるのだが、それ以外に使い道があるだろうか？　そして、健康保険証がマイナンバーカードに切り替わって、寝たきり老人に何かよいことがあるのか？

国会では、マイナンバーカードの普及に向けて総務省が実施した事業の予算額が2兆円を超えたことが問題とされた。取得を事実上義務化するなら、これまでに投じた予算は何のためだったのかとの批判だ。誰しも同じような疑問を抱くだろう。

日本政府にとって、デジタル化とは、マイナンバーカードの普及率引き上げのことでしかないようだ。そのための手段として、健康保険証を廃止して、マイナンバーカードに切り替えようとしているとしか思えない。

マイナンバーカードは最先端の身分証明書だが、使いみちがない

マイナンバーカードとは、身分証明書の一種だ。学生証、運転免許証、健康保険証、パスポートなどと同じようなものだ。ただし、これらの身分証明書は、紙に印刷したものであるのに対して、マイナンバーカードは、電子的システムによって本人確認を行なうための手段だ。

マイナンバーカードを用いてログインすれば、ログインしたのが本人であることが証明される。

この仕組みは、公開鍵暗号という先端的な技術を用いたものだ。スウェーデンやデンマークなどで導入されているが、さほど多くの国で導入されているわけではない。マイナンバーカードは、技術的には世界最先端の仕組みなのである。

紙の身分証明書は、偽造が可能であり、なりすましが可能だ。しかし、マイナンバーカードの偽造は事実上不可能だ。したがって、デジタル社会においてさまざまな取引をイン

ターネットを介して行なう場合に、マイナンバーカードで本人確認を行なうようにすれば、便利で安全な取引が可能になる。

ただし、問題はどのような手続きが便利になるかだ。現在のところ、ごく限定的なものしかない。マイナンバーカードを取得したところで、生活が格段に便利になるわけではない。

健康保険証の切り替えもそうだが、どんなメリットがあるのかがはっきりしない。つまり、マイナンバーカードの問題点とは、使いみちがないことなのである。

まったくないわけでなく、あることはあるのだが、コンビニエンスストアで印鑑証明書や住民登録票などを取得できる程度のことしか思い浮かばない。

それに、これもよく考えてみれば変なことだ。印鑑証明とは、アナログの本人確認手段である。アナログの本人確認のための手段を最先端のデジタル手段で取得するというのは、自己矛盾に陥っているとしか思えない。

マイナンバーカードは、印鑑システムを温存するための手段なのだろうか？　印鑑証明など使わなくても、マイナンバーカードだけでさまざまな場面での本人証明をできるようにすることが、本来のデジタル化ではないだろうか？

つぎつぎにトラブルが表面化

2023年3月以降、横浜市、川崎市、足立区で、別人の戸籍全部事項証明書が出力されたり、別人の住民票や印鑑登録証明書が誤って交付されるなどのトラブルが発生した。これを受けて、河野デジタル大臣は、5月に、運営会社に対してシステムの一時停止を要請した。わずかに利用価値があると思っていたことが、このような状態だ。

それどころではない。政府が最重要の目的とする「マイナ保険証」で、トラブルが相次いで表面化している。

全国保険医団体連合会は、5月29日、マイナ保険証を使える医療機関の6割でシステム上のトラブルを経験したとする調査結果を発表した。別人の医療情報が紐づけられていたとか、本来は有効なのに「無効」と判定された、などだ。大阪府保険医協会の調査によると、オンライン資格確認システムを運用している医療機関143件のうち、トラブルがあった医療機関が78件。該当の被保険者番号がない、資格情報が無効、資格確認ができない、別人の情報が表示されるなどのトラブルだ。

厚生労働省は、別人情報が紐づけられる誤登録は2021年10月~22年11月に7312

件あったと公表。そのうち5件では別人の薬剤情報や医療費通知情報が閲覧されていたという。

制度の根幹を揺るがすこうしたトラブルを受けて、政府は6月21日、省庁横断の「マイナンバー情報総点検本部」（本部・デジタル庁）を設けた。

マイナンバーの利用対象拡大

健康保険証のマイナンバーカードへの切り替えと並行して、マイナンバーの利用拡大という重要な制度変更が行なわれようとしている。これらは別の事項だが、マイナンバーとマイナンバーカードが混同されることもあって、議論が混乱している。

マイナンバーとは、住民票のあるすべての人に割り振っている12桁の番号だ。

その利用は厳しく制限されている。もともとの制度では、税と社会保障および災害対策のうち、マイナンバー法の別表に記載された事務に限って利用が可能とされていた。

具体的には、マイナンバー法の「別表1」でマイナンバーを使える行政機関とその業務を列挙し、「別表2」でマイナンバーを使って情報連携ができる行政機関やその業務を並べている。

別表の記載内容を変えるにはそのたびに法改正が必要で、マイナンバーを柔軟に利用できないという問題があった。たとえば新型コロナ禍での特別定額給付金の給付事務ではマイナンバーを使えなかった。

今回の改正で、マイナンバーの利用対象が拡大された。別表1に規定されている業務に「準ずる事務」であれば、法律に規定がなくてもマイナンバーを使える。そして、別表2は政省令に格下げする。これまで3分野に限っていた利用範囲を自動車登録や国家資格、在留外国人の行政手続きなどに広げる。

マイナンバーでの個人情報漏洩のおそれがあるか?

マイナンバーの利用拡大に関して問題があるとされているのは、第1にマイナンバーを用いてなりすましが行なわれる危険があること、第2には、マイナンバーに紐づけされた情報の引き出しが可能になることによって、プライバシーが侵害されるという問題だ。

第1の問題について、マイナンバーだけでは、個人の確認はできない。だから、仮にマイナンバーが他の人に知られたとしても、それを用いたなりすましで情報を引き出すことはできないはずだ。

第2の危険はあり得る。2022年に、マイナンバーを用いてコロナワクチン接種の統一的なデータベースが作成されたのだが、このときに、この問題が生じた。

コロナワクチン接種時の本人確認は、マイナンバーカードのほか、運転免許証や健康保険証でもよいとされた。しかし、これでは、統一的なデータベースはできない。したがって、ある人がワクチンを接種したかどうかを、データベースで確認するのは容易ではない。

しかし、マイナンバーによって統一的なデータベースが作成されれば、それが可能になる。

ただし、このデータベースを用いてワクチンパスポートが作成されれば、ワクチンを接種したかどうかという個人情報がわかることになるので、問題がないとは言えなかったのだ。

今後も、マイナンバーの対象を広げることには慎重でなければならない。ただし、現在提案されている件に限っては、特に問題はないと考えられる。

しかし、この問題に関する人々の関心は薄い。ワクチンパスポートも、ほとんど問題にされなかった。

アメリカの社会保障番号

日本のマイナンバーに対応するものとして、アメリカではSSN（社会保障番号）がある。

これはアメリカで生活する場合には、様々な場合に必要だ。まずSSNは納税者番号となっているので、給与の支払いを受ける場合には、SSNを持っていることが必要だ。

銀行口座の開設や運転免許証の取得についてはどうか？

ここでも、通常はSSNの提示を求められる。SSNがなくてもこれらができないわけではないが、かなり面倒な事務手続きが要求される。

これらの他にも日常生活の様々な面でSSNが要求される。例えば、アパートを借りる場合においても、SSNの提示が必要だ。

どうしてもSSNがなければならないというわけではないが、かなり面倒なことになる。

したがって、外国人などを除けば、ほとんどすべてのアメリカ人がSSNを保有している。

このように、SSNという国民背番号が生活の様々な面で使われているにもかかわらず、それがなりすまし詐欺や情報漏洩の問題を引き起こしたという話は、あまり聞かない。だから、右に述べたように、日本の場合においても、マイナンバーの利用拡大は、一定の条件の下では進められてしかるべきだ。

マイナンバー自体には、個人が誰であるかを証明する機能がない。だから、これを用いたなりすましやマイナンバーに紐づけられた情報の引き出しはできない。だから、マイナンバーの漏洩に伴い実害が生じるとは考えられない。

現実的問題として、ビッグブラザーが国民をコントロールするような社会になるとは考えられない。しかし、そのようなことが絶対にないとはいえない。だから、その利用範囲の拡大は、慎重に行なう必要がある。

第6章

高度人材を日本に確保できるか？

1　人材流出は、日本の真の危機の始まり

ワーキングホリデーで、外国で働く若者が増加

ワーキングホリデーの制度を利用して、海外で働こうという若者が増えている。大学を休学して留学し、留学先でアルバイトしようということだ。賃金水準が高いオーストラリアやカナダなどが、人気がある。

ウェブを見ると、こうした人々が就職先を探すためのサイトが多数作られている。また、さまざまな情報やサポート体制を提供するウェブサイトもある。

ＯＥＣＤの賃金統計によると、オーストラリアの最低賃金は２５４４１ＵＳドルだ（２０２０年：21年実質価格、購買力平価）。日本の１６７０５ＵＳドルの１・５倍になる。これは世界でも有数の高さだ。また、州によっては、国の最低賃金より高い最低賃金を決めている場合もある。

だから、日本で働くことに比べると、ずっと高い収入が得られる。

2022年には、それまでも低かった日本給与に急激な円安が重なり、日本と海外の賃金の格差がさらに広がった。このため、ワーキングホリデーで働く学生が増えた。

オーストラリアでは物価も高い。また、長期間住むのであれば、税や社会保険料負担の問題なども無視できない。ただ、それらをカバーするだけ賃金が高いことも事実だ。日本の条件が悪いことは、否定できない。

ワーキングホリデーで働くのは1年間程度の短期間だから、これと語学研修を合わせて海外生活を経験するのは、決して悪いことではない。

ただし、賃金格差があまりに大きいので、そのまま外国に住みついてしまう場合も多いと思われる。そうなると、日本の若年労働力が減るといった事態になりかねない。

もともと日本では、少子化の影響で若年労働者が減っている。それに拍車がかかる。これは深刻な問題だ。

もっと深刻なのは、高度専門家

人材の海外流出問題は、ワーキングホリデーに留まらない。もっと深刻な問題は、高度専門家の海外流出だ。

高度専門家の場合の日本と他の先進国の給与格差は、単純労働の場合よりも大きい。アメリカのGAFAなどの先端的IT企業の場合、トップクラス技術者の給与は、年収1億円程度になる場合が珍しくない（本章の4参照）。

最近、アメリカ大手IT企業が人減らしを始めているといわれているが、給与はむしろ顕著に増えている。

ところが、日本人の高度専門家は、日本企業で相応の給与を得ていない。このため、IT関連高度専門家の海外流出がすでに始まっている。日本の大学で基礎的な知識を身につけたあと、日本企業に就職して基礎的な訓練を受け、そしてGAFAなどのアメリカ企業に流出してしまうのだ。

大学人材の海外流出も始まっている。その原因は、日本の大学では給与が低いことと、自由な研究環境が得られないことだ。

高度専門家の場合には、もともと言葉の壁は低い。そして、研究者の間で国際的なコミュニティーができている場合も多い。したがって、日本からの流出は、単純労働の場合よりもっと激しくなる可能性がある。

論文数の減少、世界大学ランキングでの日本の地位の低さなどは、こうした動きと無関係ではない。

あらゆる国が競争相手

高度専門家は新しい技術の開発に不可欠なので、その海外流出は、将来の日本の発展にとって極めて大きな問題を引き起こす。これは、単に量的な意味での労働力不足というだけではない。

ワーキングホリデーが関係するのは、単純労働力だ。単純労働力を求めるのは、労働力不足を解決したい国に限られる。これに対して、高度専門家は、労働力の量に関わるのでなく、将来の発展に関わる。だから、どんな国もそうした人材を確保したい。すでに競争は始まっている。

イギリスは、2022年5月、三つの世界大学ランキングのうち、二つ以上で50位以内に入った大学の卒業生に対する異例のビザ優遇策を発表した。激しさを増す人材争奪戦を象徴する動きだ。シンガポールは、以前から、外国人高度人材誘致のため、さまざまな施策を展開している。

このように、日本の競争相手は全世界だ。そして、給与などの待遇で実力がある国が、そうした人材を確保することになる。

単純労働者の場合には、若者が日本から流出しても、日本よりさらに所得の低い国からの単純労働力を求めればよいという考えもありうる。しかし、専門家の場合には、このようなことはできない。

世界的な人材獲得競争が進んでいるとの認識から、政府は「教育未来創造会議」を設置し、提言を行なっている。しかし、こうしたことで、問題が解決されるとは思えない。最大の問題は、以下に述べるような民間企業での待遇の問題だ。

日本企業がイノベーションの意欲を失ったために高度人材に十分な報酬を支払わず、その結果、日本では大学院進学が経済的に割りにあわなくなっている。これについて、次節で見よう。

2　学位取得者を冷遇する日本

日本では学位取得者が少ない

日本における高度専門人材の状況は、どうなっているだろうか？

日本の博士号取得者数を人口100万人当たりで見ると、2019年度で120人。これは、他の先進国と比べると、だいぶ少ない（文部科学省 科学技術・学術政策研究所「科学技術指標2022」の「学位取得者の国際比較」による）。

最も多いのはドイツで315人、つぎにイギリスが313人。

2008年度からの推移を見ると、日本は減少しているのに対して、フランスを除く国は増加している。伸び率が高いのは、韓国、アメリカ、イギリスだ。中国も、伸び率は高い。

この結果、第1章の5で見たように、日本発の論文が少なくなっている。

学位取得者数や論文数は、未来における競争力を決める基本的な要因だ。それがこのような状態では、日本がこれからどうなってしまうのか、大いに心配だ。

博士号取得者は薄給

日本で博士号取得者が少ない大きな理由は、博士号を取得しても、収入が増えないことだ。苦労して取得しても、それに見合うリターンが得られないのだ。

博士課程取得者の給与（課程修了1・5年後の状況）を見ると、年収400万～500万円が約14％と最も多くなっている（男性では400万～500万円が約15％、女性は300万～400万円が約14％：科学技術・学術政策研究所の「博士人材追跡調査 第4次報告書」2020年実施）。決して満足できる水準ではない。

しかも雇用は安定的とは言えない。工学や保健では正規雇用の割合が多数であるものの、人文系では「非常勤講師、嘱託等」が28・2％を占める。

賃金構造基本統計調査（2021年）によると、大学院卒の月収は、年齢計では45・4万円で、大学卒の35・9万円より9・5万円多い。しかし、25～29歳で比べると、27・9万円と26・1万円であり、ほとんど変わりがない。つまり、学位を取っても、月収が2万円弱しか増えない。

学位を取るために必要な費用や、その間に放棄した労働所得を考慮すれば、あきらかに採算にあわない。

政府は「出世払い奨学金」を導入するが……

こうした事態に対応するため、政府は「出世払い型の大学奨学金」を導入する計画だ。在学中は授業料を徴収せず、卒業後の所得に応じて支払う。

2024年度の開始に向けて、文部科学省の有識者会議が制度設計を進めている。大学院生を対象とし、学部生への拡大も検討する。

奨学金は確かに重要だ。しかし、在学中はそれで生活できたとしても、就職したあとの収入が十分でなければ、返済できない。だから、出世払い奨学金を導入しても、博士課程への進学率が上昇するどうか、大いに疑問だ。

日本で博士号取得者が少ない基本的理由は、日本企業が高度人材を評価しないことなのである。企業が高度専門人材を使って新しいビジネスを展開し、高度専門家に高い給与を支払うようにならなければ、事態が大きく変わるとは思えない。

日本企業のイノベーション能力は低い

日本企業がイノベーションを行なう意欲を失ったことは、「グローバル・イノベーション・インデックス（GII）」で見ることができる。これは、国連の専門機関の1つである世界知的所有権機関（WIPO）が、米コーネル大学とフランスの経営大学院インシアード（INSEAD）と共同で2007年から発表しているイノベーション能力の指標だ。国の制度や人的資本、インフラ、市場やビジネスの洗練度、テクノロジーに関するデータを基に、各国のイノベーション能力や成果を評価する。

日本の順位は、2007年には4位だった。しかし、その後低下を続け、2012年に25位にまで落ちた。その後徐々に回復したが、2018年から再び低下傾向にある。2022年には、2021年と同様の13位となった。決して満足できる水準ではない。

2022年で世界の上位にあるのは、スイス、アメリカ、スウェーデン、イギリス、オランダだ。アジアでは韓国（6位）、シンガポール（7位）、中国（11位）が日本より上位にある。

日本の評価が低いのは、「創造的な生産」部門だ。具体的には、文化的・創造的サービスの輸出に占める割合や、創造的な商品の輸出に占める割合、オンライン化アプリ製作の国内総生産（ＧＤＰ）に占める割合などの順位が低い。

日本では自動車や機械など伝統的な産業の生産・輸出がまだ大きな割合を占めており、新しい産業の占めるシェアが低いのだ。

世界の研究開発支出の上位企業では、２０２１年に研究開発への支出額が10％近く増加して９０００億ドルを超え、２０１９年の水準を上回った。これを牽引したのは、情報通信技術（ＩＣＴ）ハードウェア・電子機器、ソフトウェア・ＩＣＴサービス、医薬品・バイオテクノロジー、建設・工業用金属だった。日本はとくにソフトウェア・ＩＣＴサービスで立ち後れている。

世界銀行の資料によると、輸出に占めるハイテク製品の比率は、日本は19％でしかないが、韓国では36％にもなる（２０２０年）。これは日本の輸出が自動車に偏っているからだ。自動車は、ハイテク製品とはいえないのである。

日本経済はなぜここまで弱くなったのか？　それは、イノベーションの意欲が失われたからだ。なぜ失われたかといえば、高度成長期のビジネスモデルを継続したからだ。

第２章で述べたように、１９８０～90年代、情報技術分野で変革が起こり、インターネットの時代になったとき、日本は適応できなかった。多くの日本人が望んだのは、古い産業構造の維持だった。

そこで政府が行なったのが、円安政策だ。2000年代以降の経済政策は一貫して、円安と低賃金で生産コストを下げ、安売りを推進するという手法をとった。

それが極限まで推し進められたのが、アベノミクスにおける「異次元金融緩和」だ。その中で、日本企業は成長力を失った。本当に必要なのは既存産業を守ることではなく、技術開発を行ない、新しいビジネスモデルを開発することだったのだ。

経済パフォーマンス悪化の基本的要因は人材

日本企業のイノベーション意欲が失われたために、高度人材に対する需要が減少し、その結果、人材の質が低下した（人材の質が低下したために、イノベーション能力が低下したということもあるだろう）。

このことは、さまざまな国際比較ランキングで確かめることができる。例えば、スイスの国際経営開発研究所（ＩＭＤ）が発表した2022年版「世界人材ランキング」を見ると、日本の人材競争力は主な63カ国・地域中、41位だ。19年から4年連続で下落した。

22年の首位はスイス。2～5位をスウェーデンなどの北欧各国が占め、トップ10はいずれも欧州勢だった。アジア・太平洋地域では、12位のシンガポールが最高で、香港（14位）が続いた。

第5章の2で述べたように、日本は新しい資本主義に対応できない。そのため、高度専門家に十分な給与を払えない。そのため高度専門家が育たない。日本はこの意味で、深刻な悪循環に陥っている。

これを断ち切るにはどうしたらよいのか？　デジタル田園都市構想のような政策で解決がつく問題ではない。リスキリングのために補助金を出しても、変わらない。台湾の先端半導体企業を日本に招くために多額の補助金を出したところで、何も変わらない。

補助金も円安も低金利も、新しいビジネスモデルの創出には貢献しない。むしろ安易に利益が上がるために、イノベーションのインセンティブを削ぐことになる。過去20年間の円安政策がもたらしたのは、まさにこのことだ。

日本企業のビジネスモデルが根底から変わらなければならない。「新しい資本主義」が目指すべきは、まさにそのことなのだが、岸田政権は、それを実現できるだろうか？

3　日本は高度専門家を確保できるか？

岸田内閣は人づくりが重要だというが……

岸田政権は、人づくりが新しい資本主義を実現するための重要施策だとしている。とくに、デジタル人材育成が重要だという。それを実現するため、さまざまな施策を打ち出している。

日本経済を再生できるかどうかは、高度な専門家が新しい技術とビジネスモデルを開発できるか否かにかかっている。これこそが日本の将来を左右することには間違いない。

ただし、岸田政権の人づくり政策が、そのような効果をもたらすかどうかは疑問だ。まず、デジタル田園都市構想で230万人のデジタル人材を養成するという。さらにリスキリングのために2兆円の補助金を出す。しかし、これらの政策がうまく機能するかどうかわからない。

「デジタル田園都市構想」では、「デジタル田園都市国家構想推進交付金」という制度を設けており、この交付金は地方公共団体が取り組む「デジタル田園都市国家構想」に関連する事業（例えばオンライン診療や遠隔教育など）に対して支給される。

また、専門的なデジタル知識・能力を有し、地域の課題解決を牽引する人材を「デジタル推進人材」として、2026年度までに230万人育成するとしている。

養成したい人材像も、手段も不明確で、「田園」というキーワードも謎だ。大都市はデジタル化しなくてよいのだろうか？

これに限らず、政府の根本的な間違いは、「補助を与えれば、変革できる」と考えていることだ。人材育成というよりは、地方振興のための補助金を正当化するために「デジタル」という名称をつけたとしか思えない。

構想は、「デジタル推進人材の育成に向けて、大学や専門学校等の教育機関と連携し、カリキュラムや資格制度等の整備を行なう」としているが、これによって日本の大学が変わるとは思えない。最大の問題は、補助を与えればよいという考えだ。しかし、社会は補助では動かない。

なお、人材育成だけが目的ではないが、大学ファンドが創設された。これについては、第7章で述べる。

高度専門家を厚遇しない日本の企業

仮に高度専門家が育成されても、さらに大きな問題がある。そうした人材を日本国内で活用できるかどうかだ。

岸田内閣の人づくり政策が大前提としているのは、育成された高度専門家が、日本企業に就職することだ。そして、日本経済のために貢献してくれることだ。しかし、その前提は満たされるだろうか？

高度な専門技能を獲得した人々が日本企業で働いてくれるためには、獲得した高い技能に対応する高い給与を支払わなければならない。しかし、2で述べたように、日本の企業は高度専門家を厚遇していない。

転職マーケットのデータを見ても、日米間には大きな差がある。日本の転職サイトBizReachを見ると、転職後の平均年収は、30代で840万円、40代で960万円だ。他の転職サイトを見ても、IT技術職の求人で最高給与は1000万円程度だ。

一方、アメリカの転職サイトLevels.fyiによれば、グーグルのソフトウェアエンジニアの最高クラスでは、年収112・5万ドルだ（うち、基本給が32・7万ドル、ストックオプションが69・8万ドル、ボーナスが10・1万ドル)。1ドル135円で換算すれば、1億5188万円になる。

日米で同じようなレベルの人材とは限らないので、両者を単純に比較することはできないのだが、日米間で10倍以上の格差があることは間違いない。だから、日本の高度なエンジニアがアメリカのトップ企業に転職できれば、年収が一桁違ってくるというケースは、十分ありうるだろう。

高度人材の海外流出が始まっている

日米給与差が引き起こす問題は、顕在化しつつある。日本のハイテク企業から高度人材が海外に流出しつつあるのだ。日本で高等教育を受け、一流企業に就職して基礎的な訓練を得た後、能力のあるものが海外に行ってしまうという現象だ。

自動運転などの高度な分野においては、世界共通の専門家が求められる。こうした人材は、必然的に高給になる。ところが、流出先は、アメリカだけではない。中国の「千人計画」(海外から優秀な研究者を集めるプロジェクト)によって、日本の高度専門家が中国に引き抜かれていると報道されている。あるいは韓国企業が引き抜くということもあるだろう。

また、問題は、デジタル人材だけではない。高度な金融人材においても同じ問題が発生する。例えばアジアでは、シンガポールが積極的にそうした人材を集めている。

国際的リモートワークとデジタル移民の時代に

世界は、国際的リモートワークとデジタル移民の時代になりつつある。日本にいながらアメリカの企業で働くことも不可能ではない。いや、既にそのような働き方は、例えば、アメリカとインドの間では、大分前から行なわれている。オンラインリモートワークによる国境を越えての仕事が、ますます広がっている。

言葉の壁があると言われるが、専門家に関しては言葉の壁はそれほど高くはない。さらに、ＡＩを用いた自動翻訳技術も日々進歩している。そのため、言葉の壁はますます低くなっていく。

こうした状況の中で、日本企業が高度な人材を確保し続けるには、相当な努力が必要となる。常に変化する国際的な環境に対応し、柔軟な働き方や環境を提供することが求められる。また、グローバルなネットワークやコミュニケーション手段を活用し、遠隔地でも円滑な業務を実現する必要がある。

逆に言えば、日本企業がこのような課題に取り組むことによって、国際的な競争力を高め、持続的な成長を遂げることができる。そのためには新たな働き方を開拓し、グローバルな視点を持つことが重要だ。

高度人材について、日本と諸外国で激しい賃金格差

日米間の賃金格差は、アベノミクスが始まる前の2013年頃には、それほど明らかではなかった。ドル換算した日米の平均賃金は、ほぼ同じだった。

しかしその後に円安が進んだため、格差が拡大した。それだけではない。アメリカの経済成長率が高かったのに対して日本の経済成長率が低かったため、両者の差が拡大した。さらに、2022年3月以降の急激な円安によって、その差がますます顕著なものとなった。

ただし、高度専門家の日米間格差は、平均的な賃金差だけでは説明できないものを含んでいる。平均的には、一人当たりGDPまたは賃金で見られるように、日本はアメリカの6割程度だ。しかし、高度専門家の給与格差は、それよりずっと大きい。

つまり、アメリカは、高度専門家にとって住みやすい社会になっているのである。給与

だけではない。研究者にとっては研究の自由が保証されていることもある。日本生まれのノーベル賞受賞者のうち、3人がアメリカ国籍になっているということを忘れてはならない。

日本企業は高度人材を引き止められるか?

日本企業にとって、こうした人材をいかにして確保し、日本に引き止めておけるかが重要な課題だ。

しかし、現在の日本企業の給与体系では、一部の人だけに国際レベルの高い給与を出すわけにはいかない。そうした中で高度専門家に高い給与を払うには、日本の企業がアメリカに研究所を設立し、そこでアメリカ並みの給与を出すといった方法しかない。

しかし、これでは、ごく限定的な効果しか期待することはできないだろう。この問題を解決するには、日本企業の給与体系や勤務体系を全体として抜本的に変えることが必要だ。もちろん、給与体系や勤務体系の基本の変革は、大きな困難を伴う。それでも、我々は、この課題に挑戦しなければならない。なぜなら、人材の確保は、企業の成長と競争力を維持する上で、もっとも重要な要素だからだ。

我々は新たな手段を模索する必要がある。少なくとも、給与体系や勤務体系の柔軟性を高め、魅力的な環境を提供する努力を続けるべきだ。

なお、単に給与だけでなく、教育、研修、企業文化なども含む総合的な取り組みも重要だ。若手や中堅の従業員に対しては、能力開発やキャリアパスの新しい機会を提供することが求められる。

企業文化の改善も重要な課題だ。従業員が自身の才能やアイデアを活かし、意欲的に働くことができる環境を整備することが必要だ。上層部からの積極的なリーダーシップやコミュニケーションの促進は、従業員のモチベーションを高める上で不可欠な要素となるだろう。

こうしたことによって、優秀な人材を確保し、企業の競争力を向上させることが期待される。

日本企業の給与体系と雇用体系の根本に関わる問題

政府はこの問題に対処するために、高度人材の就職活動を前倒しするとした。しかし、こんなことで解決できるような問題ではない。これは、企業の雇用体系の基幹に関わる、きわめて大きな問題なのだ。

日本の給与体系（年功序列、終身雇用）は、高度専門家の確保と活用のために適切なものか？　ジョブ型雇用は解決策になるか？　退職金はどうすべきか？　解雇は？　などの問題が絡んでくる。

また、個々の企業だけでなく、経済全体としてのジョブマーケットが発達していないと、うまく機能しない。

いずれにしても、日本企業の給与体系と雇用の体系が根底から変わらないと、この問題には対処できない。それに手をつけないで、第2章の5で述べたような補助金をいくら支出しても、ザルに水を注ぐ結果にしかならない。

この問題については第7章で検討することとするが、それに先立ち、以下で高度専門家の給与の国際比較を行なっておこう。

4 「GAFA時代の終わり」どころか、高度技術者の年収は2億円超

GAFAの業績が悪化

アメリカの大手IT企業群GAFAが、業績悪化に直面し、これまでの拡張路線から、縮小路線に転じつつあると報道されている。GAFAの業績は、広告収入などの急減で悪化している。その結果、株価が下落し、解雇も含むコスト削減に取り組みはじめたのだ。

2022年7~9月期の決算を見ると、大手5社（GAFAとマイクロソフト）のうち、アップルを除く4社が減益になった。アルファベット（グーグル）は27%減、マイクロソフトも14%の減となった。メタ（フェイスブック）の場合には、メタバース関連の取り組みが業績を圧迫し、純利益が前年比52・2%減となった。

5社の時価総額の合計は、22年10月27日には6兆4900億ドルを割り込んだ。ピークだった21年12月との比較では3割超の減少だ。

図表6-1には、各企業の粗利益（売上高-売上原価）の推移を示す。粗利益は、ほぼ

図表6-1　米IT企業の粗利益（百万ドル）

企業名	2021/12	2022/3	2022/6	2022/9
アップル	54,243	42,559	35,885	38,095
グーグル	42,337	38,412	39,581	37,934
メタ	27,323	21,903	23,630	21,998
マイクロソフト	34,768	33,745	35,436	34,670

資料　Yahoo!Finance

付加価値に等しい。そして、これが、賃金や利益などに配分される。したがって、賃金の動向を見るには、適切な指標だ。これで見ても、各社の業績が悪化していることがわかる。

大規模な人員削減が始まる

業績悪化を受けて、メタは、1万1000人の従業員を解雇すると11月9日に発表した。メタの従業員は2019年末に4万4942人だったが、2020年以降2022年9月までに、4万人以上の新規採用を行なった。22年9月末時点の従業員数は8万7314人となり、対前年比で28％も増えた。しかし、今後は、来期の第1四半期まで雇用を凍結し、採用人数を大きく減らす。

コロナ禍でのデジタル化による収益の大幅な増加が、パンデミック終了後も続く恒久的な成長になると予測し、投資額を大幅に増やす決断をしたが、期待通りにはならなかったと、CE

Oのザッカーバーグ氏は語っている。

　ツイッターのCEOに一時就任したマスク氏は、「1日に400万ドルを超える損失を出しているため、人員削減以外に選択肢がない」として、11月4日に、社員のおよそ半数にあたる4000人規模を解雇した。さらに、12日には、契約社員の8割にあたる4400人を解雇した。

　アマゾンも、およそ1万人の人員整理を行なう。マイクロソフトも、ゲーム部門などで1000人程度の人員削減に踏み切った。さらに減らすとの報道もある。グーグルの持株会社、アルファベットも採用を抑制する。

高度人材の年収は、1億円を超えるレベルに上昇

　こうして、大量解雇の時代が始まったと報道されている。そして、世界を席巻《せっけん》したGAFAは、かつて経験したことがない逆風に直面しており、これまでのような圧倒的支配の時代が終わろうとしているというのだ。

　本当にそうなのだろうか？　もしそうなら、信じられないほどの高いレベルだったIT関連の高度専門家の報酬はバブルだったのであり、いまや低下しているはずだ。

図表6-2 米大手IT企業がオファーする給与（千ドル）

企業	ソフトウェアエンジニア		事務
	最高レベル	エントリー	
アップル	666	158	69
グーグル	1149	183	108
メタ	1818	183	131
マイクロソフト	1179	152	90

資料　Levels.fyi

それを確かめるために、アメリカの就職サイトLevels.fyiを見ると、2023年1月時点での状況は図表6－2に示すとおりだ。

最高レベルのソフトウェアエンジニアだと、アップルを除いて、年収は100万ドルを超えている。1ドル＝130円で換算すると1億3000万円を超える（ここに示すのは、年収総額であり、基本給の他、ボーナス、ストックオプションを含む）。メタにいたっては、2億3634万円になる。このように、きわめて高い水準の年収がオファーされ続けている。

2022年1月には、アップル75万ドル、グーグル102万ドル、メタ94万ドル、マイクロソフト65万ドルだった。アップルを除いて、どこも引き上げていることが分かる。メタの場合には、ほぼ2倍になっている。

こうした数字を見ると、高度専門家に関しては、獲得競争が激化して、報酬を引き上げざるをえなくなっていることが窺える。全体として人員削減するとしても、こうした人材はどうしても必要とされるのだ。だから、右に見た人員削減は、コロナ禍であまりに急速に人員を増やしたことの調整だと考えられる。

過去数年の急激な人員増は、メタについてすでに述べた。アマゾンの場合も、2019年末に80万人弱だった従業員数が、22年9月末には154万人強に増えた。同じく人員削減を発表したセールスフォースは、2020年1月期の従業員数が4万9000人だったが、7万人強に増えていた。こうした急速な人員増加はさすがに行き過ぎであり、それを調整するのは、ごく自然な動きと解釈することができるだろう。

一般従業員の年収も高い

アメリカIT企業でいま起きている変化をどう捉えるかは、日本の問題を考える場合に大きな意味を持っている。

なぜなら、米IT企業がオファーする報酬が非常に高いために、日本からも高度専門家が流出すると危惧されているが、仮に米IT企業の時代が終わるのであれば、そうした心配をする必要はないからだ。そこで、これを判断するために、トップクラスエンジニア以外の人々の年収を見てみよう。

図表6－2には、エントリーレベルのソフトウェアエンジニア（経験のないエンジニア）と、事務職員（Administrative Assistant）の年収も示した。これを見ると、つぎの2点が指摘される。

第1に、最高エンジニアの年収は、このレベルの従業員に比べて10倍程度であり、極めて大きな差がある。日本でも、専門家の報酬は一般従業員の報酬より高いが、10倍ほどの差はないだろう。日本の報酬体系は平等的指向が強いのに対して、アメリカの報酬体系は、職種によってきわめて大きな差があることが窺える。

第2は、事務員レベルの年収も、日本の平均に比べればかなり高いことだ。アップルの事務職員を除いては、日本円換算では1000万円を超える。それに対して、日本の場合には、2021年の一般労働者の賃金は、男女計で月額30万7400円だ（令和3年、賃金構造基本統計調査による）。年額では369万円だ。

つまり、アメリカ大手IT企業の報酬は、平均で見ても極めて高いのだ。最近減少しているとはいえ、これら企業の収益力はいまだに非常に高いのである。

日本企業は、2億円の報酬を支払えるか？

右に見たように、アメリカの平均年収は日本より高い。それに加えて、アメリカの場合には、一般従業員と比べて高度専門家の年収が高い。だから、アメリカでは、高度専門家の年収が極めて高い。このため、日米間の差が極めて大きくなってしまうのだ。

このことは、国際的な人材の獲得競争で重要な意味を持つ。一般的な労働に関しては、平均賃金の差が問題になる。例えば、介護のための人材が外国から日本に来るかどうか、あるいは、日本の若者が海外に流出してしまうか、などを決めるのは、日本と外国の平均賃金の差だ。

しかし、IT技術者など高度専門家の獲得競争においては、平均賃金の差に加えて、高度専門家の報酬が平均賃金よりどれだけ高いかも問題になる。すでに見たように、アメリカではこの差が大きく、日本では小さい。だから、アメリカでは、高度専門家に、とてつもない報酬を支払える。

高度専門家の国際的な獲得競争とは、アメリカのレベルの報酬を支払えるかどうか、という問題なのである。

それに加えて、言葉の問題もある。アメリカでは世界共通語である英語で仕事ができるが、日本で仕事をするには日本語を習得しなければならない。したがって、アメリカは高度人材を世界中から集められる。実際にそうなっている。ＩＴ産業では、インドから来た人材が活躍している。

それに対して、日本は、二重、三重のハンディキャップを負っている。このため、日本は海外から高度人材を集められないし、高度専門家が日本から流出する。海外流出の動きは、すでに始まりつつある。我々は、米ＩＴ企業のことを心配するよりも、日本がどうなるかを心配すべきだ。

5　あまりに低い専門家の給与。中国より低い現状は危機的

専門家の給与水準：日本は最低

アメリカの転職情報サイトLevels.fyiが、報酬レポートEnd of Year Pay Report 2022を公表している。

これは2022年末の時点におけるソフトウェアエンジニアの年間報酬の中間値を、世界の主要都市別に示したものだ（ストックオプション、ボーナスを含む）。なお、これは中間値なので、これより高い給与を得ている人が全体の半数いることになる。その一部を図表6－3に示す。

日本人にとっては、ここにある数字は、いくつかの点で極めてショッキングだ。

東京の値は6・9万ドル（1ドル＝130円では、897万円）だ。ところが、外国の値は、軒並みこれより高い。

アメリカでは、サンフランシスコが23・4万ドル（3042万円）、ニューヨークが18・

図表6-3 世界諸都市のソフトウェア技術者の報酬（2022年末）

都市名	報酬（ドル）	東京を1とする指数
サンフランシスコ	234,000	3.39
シアトル	213,000	3.09
ニューヨーク	187,000	2.71
シンガポール	90,000	1.30
上海	86,000	1.25
香港	85,000	1.23
ソウル	83,000	1.20
北京	79,000	1.14
東京	69,000	1.00

資料:Levels.fyi, *End of year Pay Report 2022*

7万ドルなど、非常に高い。

図表6－3には記載していないが、ヨーロッパでは、チューリッヒが17・8万ドル、ロンドンが11・6万ドル、ダブリンが11・2万ドルなどとなっている。

アジアの諸都市と比べても東京の値は低い。シンガポールは9万ドル、香港は8・5万ドルで東京より2～3割程度高い。これはさほど驚きではないかもしれない。驚くのは、韓国と中国の値が高いことだ。ソウルは8・3万ドルで、東京の1・2倍、上海は8・6万ドルで、東京の1・25倍だ。シドニーは11・2万ドルだ。

このレポートにある都市で日本より低いのは、インド・ベンガルールの3・7万ドルだけしかない。

先進国の中では、東京の給与水準は、例外的に低いのである。しかも、主要都市の多くで、英語で仕事ができ、生活できる。高度人材が日本に来ないのは、当然といえる。

一人当たりGDPより、格差が大きい

国の豊かさを示すために、しばしば一人当たりGDPや平均賃金などの指標が用いられる。これらで見ても、日本の水準は低いが、高度専門家の場合ほどの差はない。

図表6－4には、いくつかの国・地域の一人当たりGDPの値を示す。アメリカは日本より高いが、それでも2倍程度だ。右に見た格差は、これよりずっと大きい。

中国や韓国との比較でも同じことが言える。韓国の一人当たりGDPは日本とほぼ同じ程度だ。しかし、

図表6-4 一人当たりGDP（2022）

国・地域	一人当たりGDP（ドル）	日本を1とする指数
シンガポール	79,426	2.312
アメリカ	75,180	2.188
香港	49,700	1.447
日本	34,358	1.000
韓国	33,592	0.978
中国	12,970	0.378

IMFのデータベースより著者作成

ソフトエンジニアでは、右に見たように韓国の方が高い。

さらに驚くのは中国だ。中国の一人当たりGDPは日本の4割程度でしかない。それにもかかわらず、ソフトウェアエンジニアの報酬は日本より高くなってしまうのだ。

日本では高度専門家が正当に評価されていない

右に述べたことは、日本以外の国では、ソフトウェアエンジニアは、その国の平均賃金に比べてかなり高い賃金を得ていることを意味する。それに対して日本では、ソフトウェアエンジニアの賃金が平均給料とあまり大きく違わない。つまり、全体として平等的な賃金分布になっているのだ。日本では、高度専門家を正当に評価していないことになる。

平等な報酬体系は望ましい、という意見があるかもしれない。しかし、それは高度人材の国際競争の点では、大きな問題になる。

高度専門家は、技術を開発し、それが未来の経済を形成する。したがってこうした人々が多いほど、その国の将来の所得は高くなる。つまり、現在における高度専門家報酬の国際格差は、未来における国全体の所得の国際格差を暗示しているということになる。

具体的に言えば、アメリカの一人当たりGDPは日本の3倍程度になる。そしてアジアでは、中国や韓国が日本の1・5倍近くになるということだ。

これは、普通行なわれている長期経済予測の結果とはかなり違う。例えばOECDの長期経済予測によると、2060年における一人あたりGDPは、日本は6・5万ドルでアメリカが9・4万ドルだ。韓国は日本とほぼ同じで、中国は日本より低い。こうした予測は、日本の技術開発力が、アメリカ、韓国、中国に比べて劣っているという事実を正確に反映していないのではないだろうか?

1ドル=33円まで円高にならないと、日本から高度人材が流出する

賃金の比較データは数多くあるが、異質なものを比較している可能性が高い。例えば経済全体の平均賃金は、パートタイマーがどの程度いるかによって大きな影響を受ける。この点を修正しないで比較しても、正確な比較にはならないことに注意が必要だ。先に見たデータは、同じレベルの労働者の給与を比較しているという意味で、貴重な資料だ。

エコノミスト誌が算出しているビッグマック指数も、同じものについての価格を国際的に比較している。第1章で述べたように、ビッグマックの価格差は、ビッグマックの製造と販売に関係する労働者の賃金の格差を示していると解釈できる。

しかし、ここで見るソフトウェア専門家の場合には、これまで見てきたように、日米間格差がそれよりも大きい。

では、ソフトウェア専門家に関して世界的な一物一価を成り立たせる為替レートはいくらか？　日本の給与6・9万ドルは、現実のレート1ドル＝130円では、6.9×130万円だ。1ドル＝e円で、これがアメリカの給与26・9万ドルと等しくなるには、(6.9×130)/e＝26.9。これを解くと、e＝33・3となる。

これが、高度人材で評価した日本円の購買力平価だ。途方もない数字だが、それは、日本の専門家が途方もない安月給であることの反映なのだ。

日米のビッグマックは同じものではあるが、日米間で直接に貿易できるわけではない。その意味で、購買力平価が市場為替レートと一致しないのはやむを得ない。

それに対して、高度専門家は、国境を越えられる。だから、1ドル＝33円まで円高が進むか、あるいは、日本国内の賃金が3倍にならなければ、日本から流出してしまう。

流出先はアメリカだけではない。韓国、中国での高度人材の報酬は日本より高いので、そこにも流出する。

日本より給与が高い国は、図表6－3に示した以外にも、沢山ある。ヨーロッパ諸国、オーストラリア、カナダ等々。こうした国々が、日本の高度専門家の潜在的流出先となる。

世界から人材を集めるアメリカ

アメリカは、高度な専門家を惹きつける国だ。世界中から専門家を引き寄せ、その専門性を最大限に活用してきた。

IT革命は、その典型的な例といえる。その実態は、「IC革命」と言われることがある。この「IC」は、集積回路（Integrated Circuit）ではなく、インド人（Indian）と中国人（Chinese）を指す。これらの国籍を持つ専門家が、シリコンバレーで起こったIT革命の中心にいたことを示している。

そのため、今日のシリコンバレーのIT企業には、インド人がトップに立っている場合が多い。彼らは新たな技術開発を推進し、世界のIT産業に革命を起こしている。

アメリカが全世界から人材を吸収するのは、現在だけの話ではない。これは昔からのパターンだ。過去を辿れば、第二次大戦の初期に見ることができる。その当時、ナチの迫害から逃れてきたヨーロッパの科学者たちが、大量にアメリカに流入した。彼らは、自らの高度な知識と経験によって、アメリカの技術開発に大きな貢献を果たした。アメリカの技術力と産業力を高め、アメリカを世界のリーダーに押し上げた。彼らの貢献は、アメリカが現在も世界最先端の技術国家であり続ける基盤を作り上げたのである。

アメリカはいまでも全世界からの人材吸収を続けている。国際的な専門家たちは引き続きアメリカに魅力を感じ、そこで働く機会を求めている。これはアメリカが、世界で最も豊かな国の一つであるだけでなく、専門家たちが自身の技術と知識を最大限に活用できる場を提供しているからだ。これはアメリカが、世界の技術と産業のリーダーであり続ける理由の一つだと言えるだろう。

6　高度人材獲得合戦に日本もようやく参戦。勝機はあるか？

高度専門家のビザ要件を緩和

デジタル高度人材を獲得するために、就労ビザの要件を緩和する動きが世界で広がっている。日本もようやくその方向の改革に乗り出した。日本は経済停滞の基本問題を、この政策で克服できるのだろうか？

政府は、高度人材に関して就労ビザの発給条件を緩めることを決めた。

第1に、世界の大学ランキングで上位100以内に入る大学の卒業生に対して、2年間の滞在期間を認める（現行は90日間）。

第2に、高度外国人材（修士号以上の学位と年収2000万円以上）につき、滞在期間1年間で永住権の申請を可能にする（現行は10年）。

どこの国もデジタル人材の獲得に懸命の努力をしており、デジタル人材の獲得競争が加速化している。

アメリカには、以前からH－1Bビザという制度がある。医者、財務アナリスト、コンピュータ専門家など、専門知識を要する職業に就くための就労ビザで、学士以上の学位保持者が対象だ。延長も含めると6年間の滞在が可能だ。4年制大卒者6万5千人、大学院修了者2万人の申請者枠に対し、2022年は合計48万3927人の応募があった。

他の国も専門家を優遇している。イギリスは2022年「ハイポテンシャル・インディビジュアル・ビザ」の制度を導入した。大学ランキングで50位以内の大学の卒業生に2年間のビザを認める。日本が導入した措置の第1は、これに倣ったものだ。

シンガポールは、2021年に「テックパス」を導入した。一定額以上の固定月給を得る個人は、複数の仕事を兼業したり、ビジネスを立ち上げたりする柔軟性が高まる。日本が導入した第2の措置は、これに倣ったものだ。

第7章で述べるように、これらの国の大学はかなり水準が高い。それにもかかわらず、外国人専門家に対して、こうした厚遇を導入している。やっと日本も、同じような措置を取らざるをえなくなってきた。

日本が抱えるハンディキャップ

ただし、問題は、こうした措置をとっても、高度人材が日本に来てくれるかどうかである。

高度な専門性を持つ人材が日本で働く意欲を持つかどうかは、さまざまな条件に依存する。現状をみると、日本で働く外国人専門家の数は極めて少ないのが実情だ。これは、これまでの日本が、外国人の受け入れに積極的でなかった姿勢が大きな原因だ。専門家を適切に評価し報酬を与えられる体制が整っているかどうかには、疑問が残る。

それだけでなく、日本が抱えるいくつかの問題がこれに拍車をかけている。その一つが言語のハードルだ。国際的なビジネスシーンでは、英語が主に用いられ、多くの国では英語で仕事を進めることが可能だ。しかし、日本ではこのようなことは難しい。

言語の問題は、仕事の面だけでなく、子供の教育においても大きな問題となる。日本では英語で教育を受けられる学校が少なく、外国人の子供が日本語を学ぶための体制も充分とは言えない。

これらの問題を補うだけの報酬の提供が必要となるが、それを確実にオファーできる体制が整っているかどうかは、今後の課題だ。このような状況を踏まえた上で、日本が外国人専門家を積極的に受け入れ、その居住や労働環境を改善していくことが求められている。

経済停滞の悪循環を断ち切れるか?

以上で見たように、デジタル人材の育成と活用の面で、日本は大きなハンディキャップを負っている。高度の教育を行なっていないし、専門家に十分な給与を支払っていない。日本のデジタル面での遅れは、これらの条件が引き起こしたものだ。そのために、日本の企業の生産性が低く、経済全体の産業構造の改革が進まない。そのために、賃金や経済成長が低いという悪循環に陥っている。

以上を考えると、ビザの条件を緩和しても、果たして高度人材が日本に来てくれるかどうか、はなはだ心もとない。

外国の有名大学を卒業していたり、修士号以上の学位を持ち年収2000万円以上を得られる外国人で、わざわざ日本で仕事をしようと考えるのは、特殊な事情がある人に限られるのではないだろうか? だから、ビザ条件の緩和だけでデジタル人材が獲得できるとは、とても考えられない。

しかし、これまでの日本は、悪条件を抱えているにもかかわらず、外国人の専門家を惹きつけるための積極的な努力を行なってこなかった。ビザ条件の緩和は、この方向が転換しつつあることを意味するものだ。それ自体が、重要な変化だ。どのような成果を挙げられるかを見守ることとしたい。

第7章

日本再生のエンジンは、デジタル人材

1　日本の大学は不満足な状態

見劣りがする日本の大学

日本の大学の質が低下している。これは、日本の経済パフォーマンス悪化と密接な関係がある。この2つはどのように関連しているのか？　事態を改善するには、大学ファンドなどの補助策が有効なのだろうか？

イギリスの教育研究評価機関THEによる世界大学ランキング「World University Rankings 2023」によると、世界ランキングの上位100位以内に入る大学数は、図表7－1のとおりだ。日本は2校（東京大学と京都大学）しかない。アメリカの34校に比べると、大きく見劣りがする。

人口当たりで見た数字を表の第3列に示す。日本では人口1億人に対して1・6校でしかないのに、アメリカでは10校を超える。

第3列の数字を、日本を1として指数化すると、第4列の数字になる。アメリカでは

図表7-1　世界ランキング100位以内の大学数（全般）

	大学数	人口（百万人）	1億人当たり大学数	日本を1とする指数
日本	2	125.2	1.60	1.00
アメリカ	34	333.0	10.21	6.38
イギリス	10	67.6	14.79	9.24
ドイツ	9	83.3	10.80	6.75
中国	9	1412.5	0.64	0.40
オーストラリア	7	26.0	26.92	16.81
香港	5	7.4	67.56	42.22
フランス	4	65.6	6.09	3.81
韓国	3	51.6	5.81	3.63
シンガポール	3	5.3	56.60	35.37

THEとIMFのデータにより著者作成

6・38だ。アメリカの若者たちが優れた高等教育を受けられる機会は、日本の6・38倍もあると考えることができる。

アメリカの大学には外国からの留学生が多いので、アメリカの大学の質の高さの恩恵をうけるのは、アメリカ人の若者だけではない。しかし、アメリカ人の若者が大きな恩恵を受けていることは間違いない。

人口1億人当たりで見て、ドイツもアメリカと同程度の値だ。イギリスは日本の9・24倍だ。韓国やフランスは、日本の4倍近い。オーストラリアの数字も高い。

注目すべきは、香港とシンガポールの数字がきわめて高いことだ。人口が数百万人であるにもかかわらず、100位以内の人学数が日本より多いため、このようなことになる。

一人当たりGDPと100位以内大学数は、相関している

ところで、図表7－1に挙げた国・地域は、中国を除けば、一人当たりGDPが日本より高い（韓国は、2022年までは日本より低かったが、2023年には日本に並ぶと考えられる）。では、100位以内の大学数と一人当たりGDPは、どのような関係にあるか？

図表7－2には、横軸に100位以内の大学数（人口1億人当たり）を取り、縦軸に一人当たりGDPをとって、図表7－1の国・地域を示す。

各点がどの国に対応するかは、図表7－1を参照して確かめていただきたい。

1番左下にあるのが中国で、その上にあるのが日本だ。その横にあるのが韓国だ。

ここに示した各国は、ほぼ右上がりの曲線に乗っている。すなわち、100位以内の大学数と一人当たりGDPは正の相関関係にある。

この関係から離れているのは、第一にはアメリカだ。直線より上側にずれている。第2は香港で、曲線より下側にずれている。

もちろん、これは相関関係であり、因果関係がどうなっているかは、この図からはわか

図表7-2　優秀な大学と一人当たりGDP

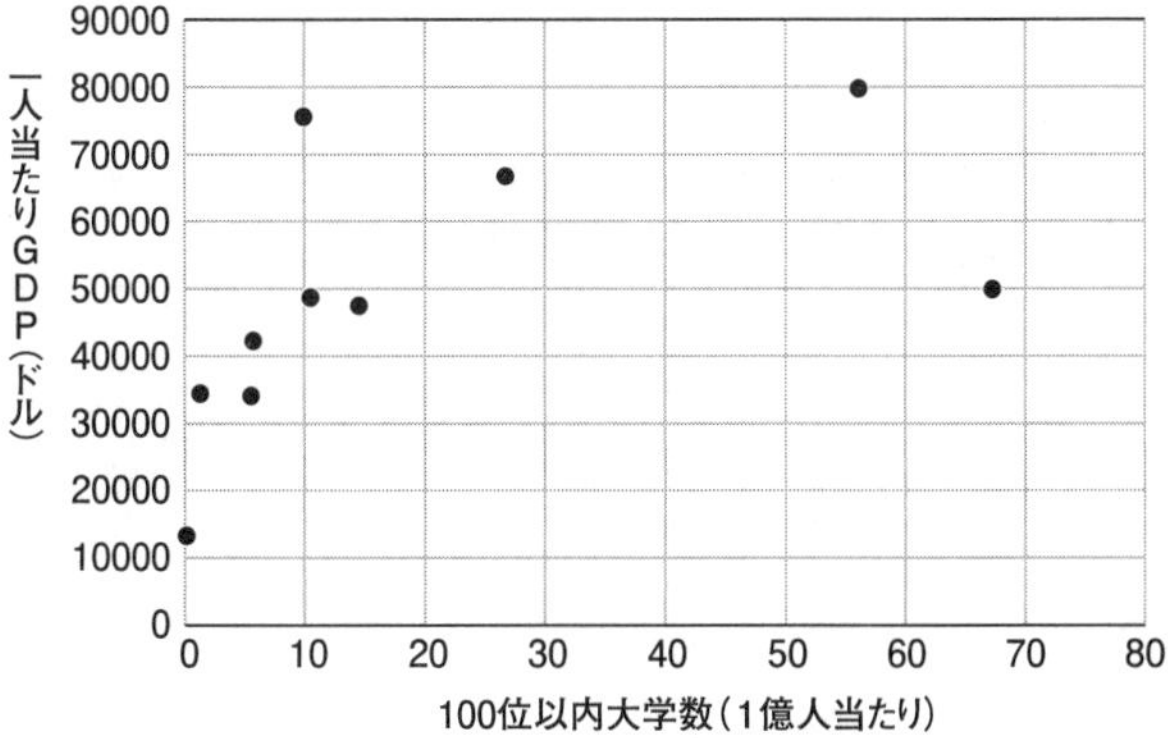

THEとIMFのデータにより著者作成

らない。

一人当たりGDPが多ければ優秀な大学が多くなるのかもしれない。つまり、「国が豊かであれば、大学での研究にも多額の資金を使えるので、大学の質が高くなる」ということだ。実際、極めて貧しい国は、大学の充実に多大の資金を投じる余裕はないし、また若者も大学に進学する経済的な余裕がない。したがって、質の高い大学の数は少ないだろう。

しかし、逆の因果関係もあり得る。すなわち、優秀な大学が多いと、高度な専門家が多数養成され、生産性が上がり、その国は豊かになるだろう。先進国の場合には、こちらの関係の方が強く働くのではないだろうか？

大学ファンドは、第1の考え方に立つもの

と言えよう。つまり、「何らかの理由によって日本の経済成長率が低下し、研究に十分な資金を回せなくなった。このために日本の大学の質が低下した」という考えだ。そこで、補助を与え、日本の大学を復活させようとする。

しかし、以下で述べるさまざまなデータは、第2の考えが正しいことを示唆している。つまり、日本の大学の機能が何らかの理由で低下したため、高度専門人材が供給されず、そのために日本の企業のイノベーション能力が低下し、そのために日本の成長率が低下したという可能性だ。

高等教育機関が強いことは、長期的な経済成長の基本的な条件だ。アメリカの高等教育は、アメリカ経済が衰退していた期間にも高水準だった。イギリス経済も、オイルショック直後から80年代にかけて衰退したが、強い大学があったことで復活を遂げた。大学における高度な専門教育は、次代のイノベーションの源となる。

大学ファンドは日本の大学を再生させるか?

日本政府が大学強化のために行なっている施策としては、まず大学ファンドがある。

低迷が著しい日本の大学の現状を改善し、世界トップレベルの研究力を持つ大学を育成するため、政府は「大学ファンド」を創設した。10兆円規模の資金を運用し、その運用益に基づいて、大学や研究者を支援する。

数校を「国際卓越研究大学」と認定し、ファンドの運用益で助成する。運用益は年3000億円程度。5校に分配すれば年間の支援額は1校当たり600億円になる。東大の場合、運営交付金や授業料などの収入が年間2900億円程度（2021年度）なので、支援額のウエイトはかなり大きい。2023年3月末が公募期限で、東京大や京都大など10大学が申請した。秋ごろまでに数校を決める。

これがきっかけになって、低下が著しい日本の研究活動が促進されることを期待したい。ただし、これだけで十分とはいえない。その理由は、つぎのとおりだ。

第1に、実験費などが必要とされるのは、主として理工学系の研究だ。人文・社会科学の教育・研究では、プロジェクトごとの研究費が問題になることはあまりない。むしろ、経常費が問題だ。国立大学の場合には、運営交付金の拡充が必要だ。

第2に、ファンドによる助成は、研究には影響を与えられるが、教育内容に直接的な効果は期待できない。

第3に、研究がコントロールされる危険がある。欧米の一流大学は巨額のファンドを保有しているが、自ら運用している。したがって、研究の方向づけを外部からコントロールされることはない。しかし、日本の場合には、政府や産業界の意向が選定に反映され、大学の自主性が損なわれるのではないかとの懸念がある。

なお、地方大学や小規模な大学からすると、「国際卓越研究大学」の認定基準が高すぎて応募できないとの声もある。このため、大学の二極化につながるおそれがある。

大学ファンドは、岸田政権の「新しい資本主義」の成長戦略の柱とされる。確かに、世界に例のない新しい試みだが、以上で述べた問題があるのも事実だ。これらの問題が克服されても、これだけで日本の大学全体の状況を大きく変えることはできないだろう。とりわけ、教育面、つまり「人材の育成」という目的には、直接に寄与するところはない。

この側面において日本の大学を改革するには、以下に述べるように、日本社会の基本的な構造を改革する必要がある。

補助策から脱却する必要がある

日本では、経済政策とは補助金を出すことだと考えられている。半導体工場の誘致がその典型だ。大学ファンドにしても、デジタル田園都市構想にしても、リスキリングにしても、その基本にあるのは、補助金を与えるという発想だ。

しかし、補助金を与えるだけでは大きな方向転換は難しい。補助を与えるという政策から脱却する必要がある。そして、社会の要請に合わない分野が淘汰されるような仕組みを導入する必要がある。

補助金によって、産業は成長するのではなく、衰退する。戦後の農業はその好例だ。製造業も00年代以降、補助金によって依存体質が染みついてしまった。

これと対照的なのがＧＡＦＡだ。これらの企業は、政府の補助金で発展したわけではない。ベンチャーとして誕生し、苛酷な競争に勝ち残り、強大になったのだ。

2　高卒と大卒の生涯賃金差

日本の企業は、専門家を適切に遇していない

日本の大学の質は、なぜ低下したのか？　それは、日本の企業が高度専門家を適切に処遇していないからだと考えられる。

日本の企業では、大学卒は管理職になれる潜在能力の指標と捉えられている。専門家としては評価されていない。

その証拠はいくつかある。第1は、第6章の5で見たデジタル専門家の給与の国際比較だ。そこで見た格差は、平均賃金の格差よりも大きい。つまり、外国では、高度専門家に対して高い給与を払っている。逆に言えば、日本では専門家に対して、相応の給与を払っていないのだ。

第2の証拠は、日本の年齢別賃金格差だ。これについて、以下に見よう。

図表7－3は、男性の一般労働者についての学歴別・年齢別の給与（きまって支給する

図表7-3　学歴別・年齢別賃金（男、2022年、月額）

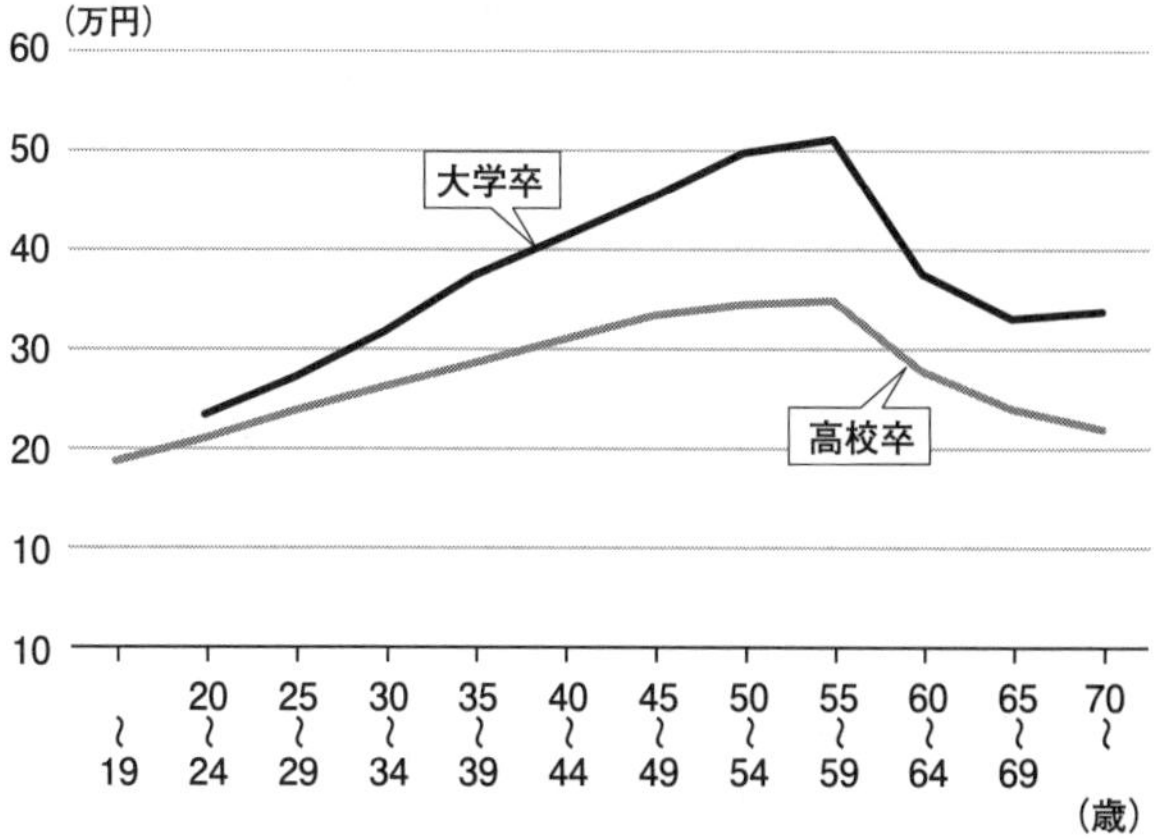

厚生労働省、賃金構造基本統計調査のデータより著者作成

現金給与額。月額）を示したものだ（2022年「賃金構造基本統計調査」従業員10人以上の企業）。

　初任給では大きな差はない。その後、高校卒の給与はあまり伸びないのに対して、大学卒の給与は年齢とともに上昇し、50～54歳では、大学卒が50・0万円と、高校卒34・6万円の1・5倍近くになる。

　これで見る限り、企業は大学卒を給与面で評価しているといえる。しかし、これが、大学で身につけた専門的知識が評価された結果なのかどうかは、疑問だ。

　なぜなら、若年期においては、大学卒と高校卒で給与にあまり大きな差がないからだ。もし専門的な知識が評価されているのであるとすれば、若年期においても大学卒と高校卒の間に差があるはずだ。

実際のデータでは、差が開いてくるのは、もっと後のことだ。そして、50代になると大学卒の給与はピークになる。しかし、大学卒の人々の能力が、給与と同じように年が経つほど高まるとは思えない。むしろ、変化に対応できなくなる場合のほうが多いのではないだろうか?

大学卒の給与が右に見たように時間とともに上昇するのは、能力が高まるからではなく、組織の階段をのぼって管理職になるからだろう。つまり、「偉くなる」からだ。

その証拠に、大学卒の給与は、60代になると急に下落する。これは、役職定年のためであろう。

ヨーロッパ諸国においても、年齢が上がるほど賃金が上がる傾向が見られる。しかし、60代になると急に下落するという現象は見られない。これは日本の特殊事情だ。

3　日本企業は、専門教育を評価していない

日本の大学は社会の要請に応えていない

以上で述べたことをまとめれば、日本の企業は、大学で学んだ専門教育の価値を評価していないことになる。

日本の企業は、新卒者の採用にあたって学歴を評価する。しかし、新卒者の採用は、どんな仕事であろうが、大学卒であれば一律の賃金になる。採用にあたって考慮されるのは、多くの場合どんな大学を卒業したかという大学名だけだ。そこでどのような訓練を受け、どんな能力を身につけたかは、評価の対象になっていない。

専門教育で獲得した能力を評価するのではなく、大学卒というレッテルだけを重視し、「そのレッテルがある人に管理職になる機会を与える」という意味で評価している。つまり、学歴とは、管理職の入場券に過ぎないのだ。

これは、大学の教育体制に甚大な影響を与える。企業が大学での専門教育の価値を評価

しないために、大学は、社会の要請に合わせて学生の能力を高めるように教育体制を改革しようとはしない。従来から変わらぬ講義を続けるだけだ。

学部や学科の名称は改定されている。情報○○とか、国際○○という名称に変わってきているので、いかにも社会の要請に合った改革がなされているように見える。しかし、多くの場合、それは名称だけであり、実態が伴っているわけではない。

大学の教師は、教える内容を急に変えよといわれても、対応できない。彼らを解雇して新しい分野の専門家を揃えようとしても、それは無理なことだ。だから、教育内容を変更できないのは、当然のことである。

日本の大学が果たしている最も重要な役割は、入学試験において選別を行なうことだ。そして、入学できた学生は、よほどのことがない限り卒業させる。

だから、正確に言うと、レッテルは「大学卒」というよりは、「大学入学」なのだ。

繰り返せば、日本の大学は、入学試験において潜在的な能力を判定するという機能しか果たしておらず、専門的な知識を教育するという機能を果たしていない。

そして、日本の大学が社会の要請に応えた人材育成をしない大きな原因は、企業が高度専門家を評価しないことだ。

企業の実務で必要とされる内容はOJTによってなされる。これでは、新しい分野を切り開いていくことは難しい。また、専門的人材が育たない。

学生は勉強しない

こうした事情があるので、学生にとって大学は勉強する場所ではなく、サークル活動やアルバイトの場になってしまっている。

「全国学生調査」(文部科学省、国立教育政策研究所)によると、文系学部の大学4年生の場合、62%の学生が、1週間の授業出席時間が5時間以下でしかない。「ほとんどの時間を勉強以外のことに使っている」と考えざるをえない。

すでに指摘したように、日本の大学では、入学しさえすれば、よほどのことがない限り卒業できる。だから、学生は、入試を突破したあとは勉強しない。学生としては、勉強して能力をつけるよりは、アルバイトやサークル活動に力を入れる方がよいと考えるようになってしまう。

もっとも、医学、薬学系統や理工学部では、実習や実験が重要だ。だから、このような傾向が顕著にみられるのは、文系の学部である。しかし、全般的にみて、日本の大学生が、アメリカの大学生ほど勉強していないことは間違いない。

アメリカの場合、次節で述べるように、プロフェッショナルスクールが重要な役割を果たしており、一流のプロフェッショナルスクールで学位をとれば、きわめて高額の所得を得ることができる。そして、一流のプロフェッショナルスクールに入学するには、大学の成績がよくなければならない。だから、死に物狂いで勉強するのである。

日本の学生は、大学受験までは死に物狂いで勉強する。しかし、それは大学に入学するまでだ。大学に入ってから死に物狂いで勉強したら、よほどの変人とみなされるだろう。

4　日本では修士進学率が非常に低い

日本では、大学院進学率が低い

日本の企業が、大学や大学院での教育を評価しているわけではない第3の証拠は、日本では、修士・博士課程への進学率が諸外国に比べて非常に低いことだ。

さまざまなレベルでの学位取得者が人口当たりどの程度いるかの計測を、文部科学省、科学技術・学術政策研究所（NISTEP）が行なっている。

これによると、2019年度において、人口100万人当たりの学士号取得者は、日本は4539人だ。これは、イギリス6390人、韓国6338人、アメリカ6156人よりかなり少ない。

ところが、修士・博士レベルの学位取得者比率での日本とこれらの諸国の差は、もっと大きい。

人口100万人当たりの修士号取得者は、2018年度で日本は588人であり、イギリス4216人、ドイツ2610人、アメリカ2550人の7分の1から5分の1程度でしかない。

博士号は、2018年度で日本は120人であり、イギリス375人、ドイツ336人に比べて大幅に少ない。

このように日本の進学率における諸外国との差は、学士課程におけるよりは修士・博士におけるほうがずっと大きいのだ。つまり、日本では、高等教育は大学までで十分であり、それ以上は必要がないと考えられている。

日本ではプロフェッショナルスクールが弱い

右に見たように、アメリカでは、修士号の取得者が多い。これが研究開発の原動力になっていることは言うまでもない。

それだけでなく、実務の面でも、修士課程での教育が重要な役割を果たしている。これは、ロースクールやビジネススクールなど、「プロフェッショナルスクール」と呼ばれているものだ。

従来の修士課程が学者養成のための教育で、博士課程の前段階と位置づけられていたのに対して、プロフェッショナルスクールは実務での高度専門家の育成を目的とする。

こうした機関での教育が、生まれた時の社会的階層を飛び越えることを可能にしている。

日本では、大学院は大学に残って研究者になるための段階であり、指導教官のもとで、無給労働者として仕える課程ととらえられてきた。高度専門家を養成するという意識はほとんどなかった。

日本でもこうした仕組みから脱却してプロフェッショナルスクールの充実を図るべきことが指摘され、２００９年に専門職大学院の制度が作られた。それから10年以上経つが、残念ながら、期待された機能を果たしているとは言いがたい。その大きな理由は、この段階での教育を企業が評価しないことだ。

このような現状を変えるには、社会が大学教育の役割を正当に評価し、それを給与面で評価してくれなければならない。また、大学がそうした社会の要請に応えるような教育をしなければならない。以上の観点から見て、日本の大学の現在の状況は、大きな問題を抱えている。

5　高度成長期には、大学は変貌した

工学部が日本の経済成長を支えた

日本の大学も、高度成長期においては、その構造を大きく変化させた。時代の要請に応じて学部・学科の構成が大きく変わったのだ。

これは、経済全体の成長率が高く、大学の定員を増加させていくことが可能であったためだ。

これによって、社会の要請にあうような分野を拡大することができた。特に工学部が拡張されたことが、日本の高度人材を増やし、経済成長率をさらに高めることに貢献した。その意味で、経済成長と大学の改革とが好循環過程にあった。

日本で工学部が拡張したことは、特別な意味をもっている。なぜなら、欧米の大学は、歴史的に工学部のような実学的分野を大学の中に入れていなかったからだ。中世の時代からヨーロッパの大学は、哲学、法学、医学、それに神学という構成になっていて、工学部

に相当する学部はなかった。

エンジニアの教育は、高等専門学校として、大学とは別の組織で行われていた。例えば、アインシュタインが卒業した学校は、スイス連邦工科大学と日本語では訳されているが、原語ではEidgenössische Technische Hochschule Zürichであり、「工科高等学校」と言うべきものだ。

アメリカでも、東部アイビーリーグの大学は工学部を持っていなかった。MITは、「マサチューセッツ工科大学」と日本語では訳されているが、もともとの意味は、「マサチューセッツ工科専門学校」だ。

そうした中で、当時の文化の中心から遠く離れたカリフォルニアに設立されたスタンフォード大学が、従来の大学の枠を乗り越えて、工学部を設立したのだ。

それに対して、日本では、欧米のような歴史的事情に縛られていなかった。だから、明治維新後に大学が創設されたときから、工学部に相当する部門が帝国大学の中に存在した。そして、日本の近現代史を通じて、この部門が成長し、日本の経済成長に大きな貢献を果たしたのだ。

時代の変化に対応できなくなった日本の大学

ところが、1990年頃から日本の経済成長が止まってしまい、それに伴って大学の規模を拡大することも困難になった。また、出生者数の減少によって学生の絶対数が増えなくなり、これも大学の拡大に制約を加えることとなった。

したがって、新しい分野の学部・学科を創設するためには、スクラップアンドビルドが必要になった。つまり、他の学部・学科を縮小せざるをえなくなった。

しかし、これを行なうことは極めて困難だ。民間企業は存続のために採算部門を縮小・廃止せざるをえないが、大学ではそうしたメカニズムが働かない。スクラップというプロセスは極めて困難だ。このため、社会の要請に合わなくなった学部・学科が生き残ることになった。大学は変化が難しい組織なのである。

このことは、工学部の中でも起きる。機械工学科のように伝統的な分野が、いつまで経っても重要な地位を占め、コンピュータサイエンスのように重要だが新しい分野は創設されない。

それだけではない。鉱山、冶金、造船、航空など、現実の産業構造面では縮小した分野に対応する学科がいまだに大きなウエイトを占めている。こうした学科は、名称を変更したために、残っていることが分かりにくくなっているだけだ。

東京大学にはいまだにコンピュータサイエンス学部がなく、逆に農学部が大きな勢力を持っている。これでは、20世紀どころか、19世紀の大学だ。

破壊による改革はもっとも確実だが、コストがあまりに高すぎる

日本における大学の状態と対照的なのが、中国の大学だ。ここでは、コンピュータサイエンスなどの最先端の分野の充実ぶりが著しい。世界の大学ランキングでコンピュータサイエンス分野には、中国の大学が何校も上位に入っている。

こうしたことになるのは、中国の場合には、文化大革命の際に、大学が破壊されたことに一因があるのではないかと考えられる。

破壊されて何もなくなってしまったところに、新しい大学を建設することになった。このため、コンピュータサイエンスのような新しい分野においては、アメリカ留学から帰ってきた優秀な人材が、思うままに活躍することができたのではないだろうか？

この意味で言えば、日本は、過去の遺産に足を引っ張られて、新しい分野への転換がで

きない状態にあるということができる。

中国のようなプロセスは、従来の古い社会構造から脱却するにはきわめて有効だ。しかし、それを現実世界において実行するには、あまりコストが高すぎる。もっと現実的な方策が考えられなければならない。

6　ジョブ型雇用への転換が必要

キャッチアップ過程ではよかった

日本の高度成長は、キャッチアップの過程だった。先進国を見れば、企業が何を行なえばよいかが分かった。目的がはっきりしていたのだ。それは、日本型の仕組みがうまく機能する状況だった。

企業では、目的を達成するために従業員が協力した。この体制が日本の経済成長を牽引した。

しかし、現在の経済状況では、この仕組みは不十分だ。新たなビジネスモデルを創出し、自ら新しい技術を開発しなければならないからだ。

そこで重要な役割を果たさなければならないのが、高度専門家だ。彼らが新たなビジネスモデルを創出し、それを実現する技術を開発しなければならない。

しかし、現行の日本の体制では、高度専門家を適切に活用することが難しい。以前のキャッチアップ過程で有効だった仕組みが、現状では十分に機能しない。

これこそが、現在の日本が抱える大きな問題だ。これを解決するためには、新たな組織の体制を構築する必要がある。これは容易な課題ではないが、日本にとってどうしても必要なステップである。

ジョブ型雇用への移行

日本の現状を打破するために重要なのは、社会の需要に応えるように高等教育機関を変革していくことだ。大学の教育と研究体制の改革は、日本の現状を打破する上で不可欠な要素だ。

そして、企業は、有能な人に高い報酬で応える賃金体系への転換を行なう必要がある。企業の成功は人材の質に依存しており、優れた人材を活躍させるためには、企業の報酬体系の改革が不可避だ。

いまの日本企業では、能力の高低に関わらず入社時の賃金が一律なので、学生にしてみれば、大学で能力を磨くインセンティブがない。これは大きな問題だ。

高度専門家に対する企業の需要が増えれば、学生は、高度専門家になろうと努力する。

だから、大学はそれに対応して、教育内容を変えていかざるをえなくなるだろう。大学は教育プログラムを改善し、学生が高度なスキルを習得できるようにする。そして、その成果を確認するための公正な評価システムを導入する。これによって、学生の努力が適切に評価され、企業にもその価値が伝わるようになるだろう。

つまり、高度人材に対する需要喚起をすることによって、その方向への誘導を図るのだ。すでに述べたように、大学では、市場原理による組織改革が行なわれにくい。そうした組織を変えていくには、ここで述べたような方策の導入がどうしても必要だ。

さらに、職能給的な給与体系を導入し、高い能力を持っている人には相応の給与を与えることが必要だ。これは、企業の競争力を維持し、組織の発展を促すために不可欠なステップだ。

高度人材については、国際間で引き抜き合戦が激化している。だから、こうした報酬体制を導入しないと、有能な人材を外国の企業にとられてしまう。日本の企業としても、職能給、ジョブ型給与を採用せざるを得なくなる。これは人材を引きつけ、維持するための重要な手段であり、特に高度人材については、その重要性は高い。

ジョブ型雇用とは、職務記述書（ジョブディスクリプション）によって職務内容や報酬を明確にし、雇用契約を結ぶ仕組みだ。これによって、人材のスキル・経験に合わせた適切な評価ができるとされる。

このような雇用形態は、世界的に見ればむしろ普通のものであり、日本が特殊なのだ。グローバルスタンダードに向けたパラダイム転換が、日本の経済発展と持続成長のために不可欠なステップだ。

ジョブ型雇用が必要なのはエンジニアだけでない

これまでの日本型の雇用の仕組みでは、専門性を高めることが難しい。従業員が特定分野での深い知識や技術を身につけた専門家になると、企業での出世は難しくなる。これが、日本企業の生産性の低下を招く大きな原因となっている。

ＩＴエンジニアやデータサイエンティストといった高度デジタル人材への需要が高まってきて、こうした雇用の仕組みが時代に合わないことが明らかになった。企業は、幅広い知識を持つジェネラリストよりも、特定分野に精通したスペシャリストを必要としている。

そこで、専門的スキルを持つ人材を積極的に採用し、活用するための新たな働き方として、ジョブ型雇用が注目され、必要とされるようになった。

ところで、ジョブ型雇用が必要とされるのは、工学部系統のエンジニアだけではない。ビジネススクール系の専門家、とくに金融の専門家について必要だ。金融機関が新しい分野に進出し、競争力を保つためには、金融理論を深く理解した高度な金融人材が欠かせない。しかし、日本の金融機関は、ファイナンス理論を学んだ専門家を給与面で評価しない。

また、伝統的な日本企業においては、経営は専門家ではなく、ジェネラリストが行なうものだとされてきた。そして、その組織を理解し、統括する能力が重視されてきた。このため、組織の階段を登りつめた人が経営者になるのが普通だ。

しかし、こうした仕組みは、ビジネスモデルの転換を阻害し、時代の変化や技術の変化への迅速な対応を困難にする。日本の製造業は2000年頃から衰退し始めたが、これは、ビジネスモデルの選択を誤ったからだ。

経営は、本来は、専門的知識に基づく高度な仕事だ。高度化、複雑化する今日のビジネス環境に対応するには、専門的な経営者の活用が不可欠となる。日本企業は、そのような転換を実現しなければならない。

7　社会制度の改革が必要

企業間の自由な移動が必要

前節で述べたように、ジョブ型雇用への転換は、日本で専門人材を育成するために、重要な仕組みだ。

日本でもすでに、ジョブ型雇用採用の動きが始まっている。日立、富士通、ＮＴＴなどが、積極的に導入するとしている。

しかし、この仕組みは、一部の企業だけが導入してもうまく機能しない。多くの企業がこれを採用し、専門家が一つの企業に縛られるのでなく、転職が容易にできる条件が整えられていなければならないからだ。

ところが、日本では、企業間の移動は簡単ではない。そうだとすると、ジョブ型雇用の導入は難しい。

では、日本における労働者の企業間移動の実態はどうなのか？　転職を妨げる要因として何があるか？　それに対応するには何が必要か？

日本では平均勤続年数が長い

勤続年数1年未満の従業員が、日本では8・5％しかいないのに対して、アメリカでは22・2％いる（独立行政法人労働政策研究・研修機構の「データブック国際労働比較2022」、第3－13－1表「勤続年数別雇用者割合」）。他方で、勤続年数20年以上が、日本では21・7％であるのに対して、アメリカでは10・8％でしかない。

このデータは、アメリカでは、キャリアアップや年収アップのために転職を繰り返すのが普通であることを示している。

これに対して、ヨーロッパでは、一つの企業に勤める傾向が強い。なお、韓国はアメリカに近い状況になっている。日本では、卒業時に就職した企業に一生とどまるのが普通だ。そして、年功序列的な給与体系のもとで過ごす。

ところで、このような雇用体制は、日本でも昔からあったものではない。戦前の日本では、労働者は企業を渡り歩くのが一般的だった。しかし、戦時経済下において、生産性を向上させるために労働者の定着が必要と考えられ、年功序列賃金など様々な制度改革が行なわれ、終身雇用的な雇用体制が一般的になったのだ。私はこれを「１９４０年体制」と呼んでいる。

戦時経済体制の一環として取り入れられたこの体制は、高度成長期にはうまく機能した。そして、日本の雇用制度の根幹になってきた。しかし、現在の世界では、変化への障害になってしまっている。

年功序列賃金は日本に特有か？

日本でいまだに企業間の流動性が高まらない原因として、賃金制度と退職金制度がある。これらについて、以下に見よう。

賃金に年功序列的な傾向が強いと、途中で転職することが不利になる可能性がある。日本では勤続年数が長いほど賃金が上昇する傾向が見られる（「データブック国際労働比較２０２２」、表５－４「勤続年数別賃金格差」）。つまり、日本の賃金体系は確かに年功序列的だ。

しかし、これは、日本に固有のものではない。程度の差はあるが、ヨーロッパの賃金体系も年功序列的だ。

男性の場合、日本とドイツでは、勤続年数30年以上では、賃金が勤続年数１～４年の約

1・6倍に達する。この比率が、イタリアとフランスでは約1・4倍、イギリスでは約1・3倍だ。ただし、スウェーデンでは、この比率が約1・1倍となっており、アメリカ型に近い。

日本に特有の退職一時金制度

日本では、退職金一時金が重要な意味をもっている。とくに大企業でそうだ。

退職金一時金は、勤務年数が長いほど、多くなる。だから、転職すると不利になることが多い。これが転職を阻害していることは、否定できない。

退職金制度がある企業の割合は、80・5％にのぼる（厚生労働省「平成30年就労条件総合調査結果の概況」）。

新卒入社して標準的な昇進をした人の標準退職金は、2000万円前後だ（2019年に日本経済団体連合会が公表した「2018年9月度退職金・年金に関する実態調査結果」による。なお、このデータの81・0％は従業員500人以上の企業）。一方、中小企業のモデル退職金は1000万円程度だ（東京都産業労働局が公表した「中小企業の賃金・退職金事情」、平成30年版による）。このように、退職一時金はかなりの額だ。

そして、退職一時金は、勤務年数が短いと少なくなる。したがって、これが転職の障害になっている可能性は高い。

ところが、日本におけるような退職一時金は、外国では見られない。実際、ほとんどの外資系企業には退職一時金制度がない。その代わりに、確定拠出年金制度を導入している企業が多い。

また、各国とも公務員の退職給付は年金が基本だ（人事院「公務員の退職給付制度の概要」）。独仏では、公務員には社会保障としての公的年金は適用せず、別建ての年金になっている。英米では、社会保障年金を適用した上で、公務員の職域年金が上積みになる。

このように、退職一時金は日本に固有の制度であり、これが従業員の企業間移動を阻害している可能性はかなり大きいと考えられる。

退職一時金がこのような構造になっているのは、従業員が転職せず、一つの企業に長期間在職することを促進するためだ。これが、年功序列的な賃金体系やＯＪＴと並んで、従業員を一つの企業に定着させることに寄与した。

退職一時金制度も、日本に昔からあった仕組みではない。それが普及したのは、第二次世界大戦直後だと言われる。

高度成長期にはうまく機能したこの制度が、いまや日本経済の足かせになっているのだ。これを改革するのは、容易なことではない。

日本でも企業型確定拠出年金制度を導入する企業が増えているが……

日本でも、退職金のポータビリティー（転職しても、それまで積み立てた年金の原資を持ち運べること）を高めるための制度は導入されている。

「退職一時金」は持ち運びができず、退職時に全額受け取るしかないが、「年金」という名前がついているタイプの退職金制度は、持ち運びできる。

日本には、確定拠出年金（DC）制度がある。これは、会社や加入者が拠出した掛金を、加入者が自らの判断で運用し、運用結果に基づいて老後に年金を受け取る私的年金制度だ。

確定拠出年金制度は、2001年に導入可能となった比較的新しい退職給付制度だ。この場合には、ポータビリティーが実現できる。

確定拠出年金は、「企業型DC（企業型確定拠出年金）」と「iDeCo（イデコ・個人型確定拠出年金）」がある。過去に他制度で積み立ててきた資産をDCに引き継ぐことも認められており、退職一時金、確定給付企業年金、厚生年金基金の各制度から資産の移換が可能だ。

退職時に一括で受け取る場合のメリットは、退職金所得控除が使えることにある。税法上、一時金は「退職所得」として、年金は「雑所得（公的年金等）」として取り扱われる。

ただ、こうした制度が十分普及しているとは言えない。

2018年に厚生労働省が発表した「企業年金制度の現状等について」によると、企業型確定拠出年金制度に加入する労働者数は591万人を突破した。

人事院が2016年10月から11月にかけて実施した退職給付の調査によると、退職給付制度がある企業の割合は92・6％、そのうち、退職一時金制度がある企業が88・0％、企業年金制度がある企業が51・7％となっていた。

ただし、企業年金が制度としてあっても、額の上では、退職一時金の比重が圧倒的に高いと考えられる。したがって、退職金が企業間移動を阻害している効果は、依然として強いと考えられる。

高度成長期にうまく機能した日本型雇用モデルが、いま変化の足かせに

高度成長期には、人々が一つの企業に生涯雇用され、家族のように助け合って働くこと

が、同時に生産性の向上にも寄与した。

達成すべき目標が先進国という形で明確に示されており、それをいかにして効率的に実現するかが重要だったからだ。だから、これまで見てきたような日本型の雇用モデルが、うまく機能した。

しかし、いま時代は大きく変わった。重要なのは、急速に変化する技術に対応して、経済活動を柔軟に変化させることだ。

政府の役割は、社会構造の改革

以上で述べたことをまとめよう。

生産性向上のためには、ジョブ型雇用の導入が必要だ。しかし、それを機能させるためには、高度専門家が一つの企業に縛り付けられるのではなく、転職を繰り返していくことが必要だ。

ところが、日本の報酬体系や退職金制度が、障害になる可能性がある。ジョブ型雇用が広がるためには、日本の雇用制度の基本が変わる必要がある。報酬体系の一部だけを変えるのは難しい。全体を変えなければならない。これを実現するために、政府が果たすべき役割は大きい。政府の役割は、企業間の労働移動を円滑にするような仕組みを提供することだ。

いま政府に求められているのは、さまざまな名目で補助金を配って旧来のシステムの延命に手を貸すことではなく、こうした課題に対応することだ。政府が本当に行なうべきは、このような基本的な社会制度の改革だ。しかし、それは決して容易な課題ではない。

報酬体系や退職金制度は、基本的には企業が考慮すべきことだ。政府が強制的に変えることはできない。しかも、なぜ退職金制度を改革しなければならないのかは、多くの人にとっては理解できないだろう。だから、こうしたことに苦労しても、政治的な報酬があるわけではない。政治家はこうした基本的な問題にはあまり関心を持たない。

しかし、これまで説明したように、日本社会停滞の原因は、日本社会の基本的な構造にある。それを改革しない限り、日本は豊かさを取り戻すことはできないだろう。

図表目次

索引

野口悠紀雄 のぐち・ゆきお
1940年、東京生まれ。63年、東京大学工学部卒業。64年、大蔵省入省。72年、エール大学でPh.D.（経済学博士号）を取得。一橋大学教授、東京大学教授（先端経済工学研究センター長）、スタンフォード大学客員教授、早稲田大学大学院ファイナンス研究科教授などを歴任。一橋大学名誉教授。専攻は日本経済論。近著に『日本が先進国から脱落する日』（プレジデント社、岡倉天心賞）、『どうすれば日本人の賃金は上がるのか』（日経プレミアシリーズ）、『2040年の日本』（幻冬舎新書）、『超「超」勉強法』（プレジデント社）、『日銀の責任』（PHP新書）ほか多数。

X（旧ツイッター） https://twitter.com/yukionoguchi10
note https://note.com/yukionoguchi/
野口悠紀雄Online https://www.noguchi.co.jp/

朝日新書
922

プア・ジャパン

気がつけば「貧困大国」

2023年9月30日第1刷発行
2023年10月20日第2刷発行

著者 野口悠紀雄

発行者 宇都宮健太朗
カバーデザイン アンスガー・フォルマー 田嶋佳子
印刷所 TOPPAN株式会社
発行所 朝日新聞出版
〒104-8011 東京都中央区築地5-3-2
電話 03-5541-8832（編集）
03-5540-7793（販売）

Published in Japan by Asahi Shimbun Publications Inc.
ISBN 978-4-02-295235-6
定価はカバーに表示してあります。
落丁・乱丁の場合は弊社業務部(電話03-5540-7800)へご連絡ください。
送料弊社負担にてお取り替えいたします。